U0122610

心一堂術數古籍珍本叢刊

書名：《人鑑——命理存驗·命理摘要》(原版足本) 附《林庚白家傳》
系列：心一堂術數古籍珍本叢刊 星命類 第二輯 142
作者：【民國】林庚白
主編、責任編輯：陳劍聰
心一堂術數古籍珍本叢刊編校小組：陳劍聰 素聞 鄒偉才 虛白盧主

出版：心一堂有限公司
通訊地址：香港九龍旺角彌敦道六一〇號荷李活商業中心十八樓〇五一〇六室
深港讀者服務中心·中國深圳市羅湖區立新路六號羅湖商業大廈負一層〇〇八室
電話號碼：(852)67150840
網址：publish.sunyata.cc
電郵：sunyatabook@gmail.com
網店：http://book.sunyata.cc
淘寶店地址：https://shop210782774.taobao.com
微店地址：https://weidian.com/s/1212826297
臉書：https://www.facebook.com/sunyatabook
讀者論壇：http://bbs.sunyata.cc/

版次：二零一八年十一月初版
平裝

定價： 港幣 一百七十八元正
新台幣 六百九十八元正

國際書號：ISBN 978-988-8582-09-9

版權所有 翻印必究

香港發行：香港聯合書刊物流有限公司
地址：香港新界大埔汀麗路36號中華商務印刷大廈3樓
電話號碼：(852)2150-2100
傳真號碼：(852)2407-3062
電郵：info@suplogistics.com.hk

台灣發行：秀威資訊科技股份有限公司
地址：台灣台北市內湖區瑞光路七十六巷六十五號一樓
電話號碼：+886-2-2796-3638
傳真號碼：+886-2-2796-1377
網絡書店：www.bodbooks.com.tw
台灣國家書店讀者服務中心：
地址：台灣台北市中山區松江路二〇九號一樓
電話號碼：+886-2-2518-0207
傳真號碼：+886-2-2518-0778
網絡書店：http://www.govbooks.com.tw

中國大陸發行 零售：深圳心一堂文化傳播有限公司
深圳地址：深圳市羅湖區立新路六號羅湖商業大廈負一層〇〇八室
電話號碼：(86)0755-82224934

心一堂微店二維碼

心一堂淘寶店二維碼

心一堂術數古籍 珍本 整理 叢刊 總序

術數定義

術數,大概可謂以「推算(推演)、預測人(個人、群體、國家等)、事、物、自然現象、時間、空間方位等規律及氣數,並或通過種種『方術』,從而達致趨吉避凶或某種特定目的」之知識體系和方法。

術數類別

我國術數的內容類別,歷代不盡相同,例如《漢書·藝文志》中載,漢代術數有六類:天文、曆譜、五行、蓍龜、雜占、形法。至清代《四庫全書》,術數類則有:數學、占候、相宅相墓、占卜、命書、相書、陰陽五行、雜技術等,其他如《後漢書·方術部》、《藝文類聚·方術部》、《太平御覽·方術部》等,對於術數的分類,皆有差異。古代多把天文、曆譜、及部分數學均歸入術數類,而民間流行亦視傳統醫學作為術數的一環;此外,有些術數與宗教中的方術亦往往難以分開。現代民間則常將各種術數歸納為五大類別:命、卜、相、醫、山,通稱「五術」。

本叢刊在《四庫全書》的分類基礎上,將術數分為九大類別:占筮、星命、相術、堪輿、選擇、三式、讖諱、理數(陰陽五行)、雜術(其他)。而未收天文、曆譜、算術、宗教方術、醫學。

術數思想與發展——從術到學,乃至合道

我國術數是由上古的占星、卜筮、形法等術發展下來的。其中卜筮之術,是歷經夏商周三代而通過「龜卜、蓍筮」得出卜(筮)辭的一種預測(吉凶成敗)術,之後歸納並結集成書,此即現傳之《易

經》。經過春秋戰國至秦漢之際，受到當時諸子百家的影響、儒家的推崇，遂有《易傳》等的出現，原本是卜筮術書的《易經》，被提升及解讀成有包涵「天地之道（理）」之學。因此，《易·繫辭傳》曰：「易與天地準，故能彌綸天地之道。」

漢代以後，易學中的陰陽學說，與五行、九宮、干支、氣運、災變、律曆、卦氣、讖緯、天人感應說等相結合，形成易學中象數系統。而其他原與《易經》本來沒有關係的術數，如占星、形法、選擇，亦漸漸以易理（象數學說）為依歸。《四庫全書·易類小序》云：「術數之興，多在秦漢以後。要其旨，不出乎陰陽五行，生尅制化。實皆《易》之支派，傳以雜說耳。」至此，術數可謂已由「術」發展成「學」。

及至宋代，術數理論與理學中的河圖洛書、太極圖、邵雍先天之學及皇極經世等學說給合，通過術數以演繹理學中「天地中有一太極，萬物中各有一太極」（《朱子語類》）的思想。術數理論不單已發展至十分成熟，而且也從其學理中衍生一些新的方法或理論，如《梅花易數》、《河洛理數》等。

在傳統上，術數功能往往不止於僅作為趨吉避凶的方術，及「能彌綸天地之道」的學問，亦有其「修心養性」的功能，「與道合一」（修道）的內涵。《素問·上古天真論》：「上古之人，其知道者，法於陰陽，和於術數。」數之意義，不單是外在的算數、歷數、氣數，而是與理學中同等的「道」、「理」--心性的功能，北宋理氣家邵雍對此多有發揮：「聖人之心，是亦數也」、「萬化萬事生乎心」、「心為太極」。《觀物外篇》：「先天之學，心法也。……蓋天地萬物之理，盡在其中矣，心一而不分，則能應萬物。」反過來說，宋代的術數理論，受到當時理學、佛道及宋易影響，認為心性本質上是等同天地之太極。天地萬物氣數規律，能通過內觀自心而有所感知，即是內心也已具備有術數的推演及預測、感知能力；相傳是邵雍所創之《梅花易數》，便是在這樣的背景下誕生。

《易·文言傳》已有「積善之家，必有餘慶；積不善之家，必有餘殃」之說，至漢代流行的災變說及讖緯說，我國數千年來都認為天災，異常天象（自然現象），皆與一國或一地的施政者失德有關；下

至家族、個人之盛衰，也都與一族一人之德行修養有關。因此，我國術數中除了吉凶盛衰理數之外，人心的德行修養，也是趨吉避凶的一個關鍵因素。

術數與宗教、修道

在這種思想之下，我國術數不單只是附屬於巫術或宗教行為的方術，又往往是一種宗教的修煉手段──通過術數，以知陰陽，乃至合陰陽（道）。「其知道者，法於陰陽，和於術數。」例如，「奇門遁甲」術中，即分為「術奇門」與「法奇門」兩大類。「法奇門」中有大量道教中符籙、手印、存想、內煉的內容，是道教內丹外法的一種重要外法修煉體系。甚至在雷法一系的修煉上，亦大量應用了術數內容。此外，相術、堪輿術中也有修煉望氣（氣的形狀、顏色）的方法；堪輿家除了選擇陰陽宅之吉凶外，也有道教中選擇適合修道環境（法、財、侶、地中的地）的方法，以至通過堪輿術觀察天地山川陰陽之氣，亦成為領悟陰陽金丹大道的一途。

易學體系以外的術數與的少數民族的術數

我國術數中，也有不用或不全用易理作為其理論依據的，如揚雄的《太玄》、司馬光的《潛虛》。也有一些占卜法、雜術不屬於《易經》系統，不過對後世影響較少而已。

外來宗教及少數民族中也有不少雖受漢文化影響（如陰陽、五行、二十八宿等學說。）但仍自成系統的術數，如古代的西夏、突厥、吐魯番等占卜及星占術、藏族中有多種藏傳佛教占卜術、苯教占卜術、擇吉術、推命術、相術等；北方少數民族有薩滿教占卜術；不少少數民族如水族、白族、布朗族、佤族、彝族、苗族等，皆有占雞（卦）草卜、雞蛋卜等術，納西族的占星術、占卜術，彝族畢摩的推命術、占卜術……等等，都是屬於《易經》體系以外的術數。相對上，外國傳入的術數以及其理論，對我國術數影響更大。

曆法、推步術與外來術數的影響

我國的術數與曆法的關係非常緊密。早期的術數中，很多是利用星宿或星宿組合的位置（如某星在某州或某宮某度）付予某種吉凶意義，并據之以推演，例如歲星（木星）、月將（某月太陽所躔之宮次）等。不過，由於不同的古代曆法推步的誤差及歲差的問題，若干年後，其術數所用之星辰的位置，已與真實星辰的位置不一樣了；此如歲星（木星），早期的曆法及術數以十二年為一周期（以應地支），與木星真實周期十一點八六年，每幾十年便錯一宮。後來術家又設一「太歲」的假想星體來解決，是歲星運行的相反，週期亦剛好是十二年。而術數中的神煞，很多即是根據太歲的位置而定。又如六壬術中的「月將」，原是立春節氣後太陽躔娵訾之次而稱作「登明亥將」，至宋代，因歲差的關係，要到雨水節氣後太陽才躔娵訾之次，當時沈括提出了修正，但明清時六壬術中「月將」仍然沿用宋代沈括修正的起法沒有再修正。

由於以真實星象周期的推步術是非常繁複，而且古代星象推步術本身亦有不少誤差，大多數術數除依曆書保留了太陽（節氣）、太陰（月相）的簡單宮次計算外，漸漸形成根據干支、日月等的各自起例，以起出其他具有不同含義的眾多假想星象及神煞系統。唐宋以後，我國絕大部分術數都主要沿用這一系統，也出現了不少完全脫離真實星象的術數，如《子平術》、《紫微斗數》、《鐵版神數》等。後來就連一些利用真實星辰位置的術數，如《七政四餘術》及選擇法中的《天星選擇》，也已與假想星象及神煞混合而使用了。

隨着古代外國曆（推步）、術數的傳入，如唐代傳入的印度曆法及術數，元代傳入的回回曆等，其中我國占星術便吸收了印度占星術中羅睺星、計都星等而形成四餘星，又通過阿拉伯占星術而吸收了其中來自希臘、巴比倫占星術的黃道十二宮、四大（四元素）學說（地、水、火、風），並與我國傳統的二十八宿、五行說、神煞系統並存而形成《七政四餘術》。此外，一些術數中的北斗星名，不用我國傳統的星名：天樞、天璇、天璣、天權、玉衡、開陽、搖光，而是使用來自印度梵文所譯的：貪狼、巨

門、祿存、文曲、廉貞、武曲、破軍等，此明顯是受到唐代從印度傳入的曆法及占星術所影響。如星命術中的《紫微斗數》及堪輿術中的《撼龍經》等文獻中，其星皆用印度譯名。及至清初《時憲曆》，置閏之法則改用西法「定氣」。清代以後的術數，又作過不少的調整。

此外，我國相術中的面相術、手相術，唐宋之際受印度相術影響頗大，至民國初年，又通過翻譯歐西、日本的相術書籍而大量吸收歐西相術的內容，形成了現代我國坊間流行的新式相術。

陰陽學——術數在古代、官方管理及外國的影響

術數在古代社會中一直扮演着一個非常重要的角色，影響層面不單只是某一階層、某一職業、某一年齡的人，而是上自帝王，下至普通百姓，從出生到死亡，不論是生活上的小事如洗髮、出行等，大事如建房、入伙、出兵等，從個人、家族以至國家，從天文、氣象、地理到人事、軍事，從民俗、學術到宗教，都離不開術數的應用。我國最晚在唐代開始，已把以上術數之學，稱作陰陽（學），行術數者稱陰陽人。（敦煌文書、斯四三二七唐《師師漫語話》：「以下說陰陽人謾語話」，此說法後來傳入日本，今日本人稱行術數者為「陰陽師」）。一直到了清末，欽天監中負責陰陽術數的官員中，以及民間術數之士，仍名陰陽生。

古代政府的中欽天監（司天監），除了負責天文、曆法、輿地之外，亦精通其他如星占、選擇、堪輿等術數，除在皇室人員及朝庭中應用外，也定期頒行日書、修定術數，使民間對於天文、日曆用事吉凶及使用其他術數時，有所依從。

我國古代政府對官方及民間陰陽學及陰陽官員，從其內容、人員的選拔、培訓、認證、考核、律法監管等，都有制度。至明清兩代，其制度更為完善、嚴格。

宋代官學之中，課程中已有陰陽學及其考試的內容。（宋徽宗崇寧三年〔一一零四年〕崇寧算學令：「諸學生習……並曆算、三式、天文書。」「諸試……三式即射覆及預占三日陰陽風雨。天文即預

定一月或一季分野災祥，並以依經備草合問為通。」

金代司天臺，從民間「草澤人」（即民間習術數人士）考試選拔：「其試之制，以《宣明曆》試推步，及《婚書》、《地理新書》試合婚、安葬，並《易》筮法、六壬課、三命、五星之術。」（《金史》卷五十一‧志第三十二‧選舉一）

元代為進一步加強官方陰陽學對民間的影響、管理、控制及培育，除沿襲宋代、金代在司天監掌管陰陽學及中央的官學陰陽學課程之外，更在地方上增設陰陽學教授員（《元史‧選舉志一》：「世祖至元二十八年夏六月始置諸路陰陽學。」）地方上也設陰陽學教授員，培育及管轄地方陰陽人。（《元史‧選舉志一》：「（元仁宗）延祐初，令陰陽人依儒醫例，於路、府、州設教授員，凡陰陽人皆管轄之，而上屬於太史焉。」）自此，民間的陰陽術士（陰陽人），被納入官方的管轄之下。

至明清兩代，陰陽學制度更為完善。中央欽天監掌管陰陽學，明代地方縣設陰陽學正術，各州設陰陽學典術，各縣設陰陽學訓術。陰陽人從地方陰陽學肄業或被選拔出來後，再送到欽天監考試。（《大明會典》卷二二三：「凡天下府州縣舉到陰陽人堪任正術等官者，俱從吏部送（欽天監），考中，送回選用；不中者發回原籍為民，原保官吏治罪。」）清代大致沿用明制，凡陰陽術數之流，悉歸中央欽天監及地方陰陽官員管理、培訓、認證。至今尚有「紹興府陰陽印」、「東光縣陰陽學記」等明代銅印，及某某縣某某之清代陰陽執照等傳世。

清代欽天監漏刻科對官員要求甚為嚴格。《大清會典》「國子監」規定：「凡算學之教，設肄業生。滿洲十有二人，蒙古、漢軍各六人，於各旗官學內考取。漢十有二人，於舉人、貢監生童內考取。」學生在官學肄業、貢監生肄業或考得舉人後，經過了五年對天文、算法、陰陽學的學習，其中精通陰陽術數者，會送往漏刻科。而在欽天監供職的官員，《大清會典則例》「欽天監」規定：「本監官生三年考核一次，術業精通者，保題升用。不及者，停其升轉，再加學習。如能黽

勉供職，即予開復。仍不及者，降職一等，再令學習三年，能習熟者，准予開復，仍不能者，黜退。」

除定期考核以定其升用降職外，《大清律例》中對陰陽術士不準確的推斷（妄言禍福）是要治罪的。《大清律例．一七八．術七．妄言禍福》：「凡陰陽術士，不許於大小文武官員之家妄言禍福，違者杖一百。其依經推算星命卜課，不在禁限。」大小文武官員延請的陰陽術士，自然是以欽天監漏刻科官員或地方陰陽官員為主。

官方陰陽學制度也影響鄰國如朝鮮、日本、越南等地，一直到了民國時期，鄰國仍然沿用着我國的多種術數。而我國的漢族術數，在古代甚至影響遍及西夏、突厥、吐蕃、阿拉伯、印度、東南亞諸國。

術數研究

術數在我國古代社會雖然影響深遠，「是傳統中國理念中的一門科學，從傳統的陰陽、五行、九宮、八卦、河圖、洛書等觀念作大自然的研究。……傳統中國的天文學、數學、煉丹術等，要到上世紀中葉始受世界學者肯定。可是，術數還未受到應得的注意。術數在傳統中國科技史、思想史，文化史、社會史，甚至軍事史都有一定的影響。……更進一步了解術數，我們將更能了解中國歷史的全貌。」（何丙郁《術數、天文與醫學中國科技史的新視野》，香港城市大學中國文化中心。）

可是術數至今一直不受正統學界所重視，加上術家藏秘自珍，又揚言天機不可洩漏，「（術數）乃吾國科學與哲學融貫而成一種學說，數千年來傳衍嬗變，或隱或現，全賴一二有心人為之繼續維繫，賴以不絕，其中確有學術上研究之價值，非徒癡人說夢，荒誕不經之謂也。其所以至今不能在科學中成立一種地位者，實有數因。蓋古代士大夫階級目醫卜星相為九流之學，多恥道之；而發明諸大師又故為恍迷離之辭，以待後人探索；間有一二賢者有所發明，亦秘莫如深，既恐洩天地之秘，復恐譏為旁門左道，始終不肯公開研究，成立一有系統說明之書籍，貽之後世。故居今日而欲研究此種學術，實一極困難之事。」（民國徐樂吾《子平真詮評註》，方重審序）

現存的術數古籍，除極少數是唐、宋、元的版本外，絕大多數是明、清兩代的版本。其內容也主要是明、清兩代流行的術數，唐宋或以前的術數及其書籍，大部分均已失傳，只能從史料記載、出土文獻、敦煌遺書中稍窺一鱗半爪。

術數版本

坊間術數古籍版本，大多是晚清書坊之翻刻本及民國書賈之重排本，其中豕亥魚魯，或任意增刪，往往文意全非，以至不能卒讀。現今不論是術數愛好者，還是民俗、史學、社會、文化、版本等學術研究者，要想得一常見術數書籍的善本、原版，已經非常困難，更遑論如稿本、鈔本、孤本等珍稀版本。

在文獻不足及缺乏善本的情況下，要想對術數的源流、理法、及其影響，作全面深入的研究，幾不可能。

有見及此，本叢刊編校小組經多年努力及多方協助，在海內外搜羅了二十世紀六十年代以前漢文為主的術數類善本、珍本、鈔本、孤本、稿本、批校本等數百種，精選出其中最佳版本，分別輯入兩個系列：

一、心一堂術數古籍珍本叢刊
二、心一堂術數古籍整理叢刊

前者以最新數碼（數位）技術清理、修復珍本原本的版面，更正明顯的錯訛，部分善本更以原色彩色精印，務求更勝原本。并以每百多種珍本、一百二十冊為一輯，分輯出版，以饗讀者。

後者延請、稿約有關專家、學者，以善本、珍本等作底本，參以其他版本，古籍進行審定、校勘、注釋，務求打造一最善版本，方便現代人閱讀、理解、研究等之用。

限於編校小組的水平，版本選擇及考證、文字修正、提要內容等方面，恐有疏漏及舛誤之處，懇請方家不吝指正。

心一堂術數古籍 珍本 叢刊編校小組

心一堂術數古籍 珍本 叢刊 整理編校小組

二零零九年七月序
二零一四年九月第三次修訂

人鑑

孝骨
常亥

序言

吾國言命數者始於李虛中。而徐子平繼之。然虛中以年。子平以月。取法不同。

其就人年月日時列爲八字推定吉凶則皆瓣香子平者矣。晚近以來坊間所傳如三命通會滴天髓攔江綱星平會海神峯闡謬淵海子平星平大成子平眞詮諸書各有理解純駁不一至若四庫舊存鈔本如李虛中岳珂珞琭子平等之撰著則又陳義過高非淺者能會愚於命數之學粗具一得久欲有所闡發。

與世之同好者明辨而深思顧人事侵尋迄不得當邇以朋輩督促至再牽爾操觚輒成茲帙命名人鑑者蓋取張九齡以人爲鑑之意也急就之作掛漏滋多補苴罅隟俟諸異日抑愚欲重有言者愚意以爲命數之學亦吾國哲學之一種未可以迷信概之何則命數云者蓋猶佛家所謂緣法西人所謂機會也。宇宙間信有緣法有機會又安得獨外命數民國十有三年八月十日即夏歷立秋後三日觀瀑主人戲墨。

例言

（一）本書倉猝付印未暇縝密研究應俟續編時再加訂正

（二）卷上附錄以遺老與方技同列蓋取史家體例恐有誤會並識於此

（三）本書付印爲期甚促近代要人八字未經列入者尚多特於卷末設補遺

　　一峽仍有所得則俟續編

（四）卷上命理存驗所列八字推斷吉凶因多朋好間有曲筆閱者幸細心體

　　察

人鑑卷上

觀瀑主人外集之一

命理存驗

人鑑卷下　目錄

四

清孝欽太后

比 乙未 <small>食才比</small>
食 丁亥 <small>財印</small>
元 乙丑 <small>才殺印</small>
食 丁亥 <small>財印</small>

胎元戊寅

立命午宮

初四	戊子
十四	己丑
廿四	庚寅
卅四	辛卯
四四	壬辰
五四	癸巳
六四	甲午
七四	乙未

八字純陰。兩亥夾丑。各拱子水貴人而納音土金相生。尤載福之象。命宮坐午火長生食神得祿。寒木向陽皆屬特點。丑未冲開帝闕。兩亥爲帝座。峙其左右。垂裳而治於此可見孝欽爲女中傑出之才。其英果有爲。視金輪皇帝殆無慚色。故不當以尋常婦女倚賴夫子者例之。雖刑尅無傷也。巳未戊戌年冲動帝座。幸丑戌未刑開墓庫。故化凶爲吉庚子甲午歲運相戰。故有拳匪之亂。乙運比肩老憎生旺。又戊申流年戊寅戊申冲破胎元。乙未乙丑之金得丁亥之土以資生扶。而丁亥之土又以戊寅爲之根。戊申冲之宜其上賓矣。此格與宋李太后。頗相彷彿。然李后八字係乙亥丁亥乙巳丁亥火土相生。非土金相生。且巳亥冲破帝座。故李后事業遠不逮孝欽也。

黃興

比甲戌
比甲戌　　　　　　初六乙亥
元甲寅　　　　　　十六丙子
比甲戌　　　　　　廿六丁丑
才才官　才食比　才才官　才才官
　　　　祿
　　　　　　　　　卅六戊寅
胎元乙丑　　　　　四六己卯
立命中宮　　　　　五六庚辰

日主專祿。天元一氣。而八字又得純陽之力。故以曹生崛起草莽種族革命。卒以收功。其生
蓋有自來矣。甲爲參天之木雖值秋令能耐蕭殺所謂松柏後彫者四比助之行戊運身旺
任財。一鳴驚人。亦固其所。惟初交戊運值己酉庚戌流年酉戌會成敍局損祿係戊火庫不
見刑冲。故此兩年皆有虎尾春水之懼至辛亥流年寅亥會祿甲木長生宜勃然而與壬子
印綬專祿所喜癸丑下半年丑戌又刑出七煞故二次亡命丙辰四十三在寅運中比肩分
祿且在地支尤屬破格辰戌冲庫三戌一辰故先吉後凶討袁之役雖幸告成終於齎志未
竟厥施蓋專祿格旺氣所聚畏官煞尅制又畏比肩分祿二者並值必無幸矣鄭汝成八字
係乙卯日主行卯運卯年被人狙擊可與克強此造參閱。

袁世凱

食己未 <small>比 食 刃</small>

煞癸酉 <small>才 貴 長 文 人生呂</small>

元丁巳 <small>イ 刦 財</small>

比丁未 <small>比 食 刃</small>

胎元甲子

立命丑宮

四歲壬申

十四辛未

廿四庚午

卅四己巳

四四戊辰

五四丁卯

項城八字淺者但以獨殺貴之。或美其食先殺後。或則稱其拱祿。余詳加推究而後知此造。固自有其特殊之點。苟僅取獨殺有制格。或拱祿格不過一疆帥耳。蓋此造妙處全在見不見之形。未西中拱申馬（正財爲馬）巳未中拱午祿是謂夾拱祿馬一貴也。未年生人以丑爲帝闕八字見巳酉而不見丑且巳酉會局遨出丑字是謂虛遨帝闕二貴也夾拱祿馬虛遨帝闕余所見八字惟清帝康熙而已。然康熙八字甲午戊辰戊申戊午。係夾拱祿馬虛遨帝闕且子爲帝闕。在戊申旬內不落空亡。故能保六十餘年帝業。而項城則丑字旬空。故僅得八十三日稱制卯酉冲破巳酉會局之勢。則全盤牽動宜其亡也。

馮國璋

財戊午　才食文昌生
比乙丑　才
元乙巳　才殺印
官庚辰　財才官
　　　　印財比庫

胎元丙辰
立命子宮

初十丙寅
二十丁卯
三十戊辰
四十己巳
五十庚午
六十辛未

河間八字。其佳處固在時上獨官。而小寒後癸水用事丑辰中各藏癸水。又辰與子宮半會水局。陰寒已極。得午支食神所謂寒者暖之。亦一貴也。四十五歲巳運起。官星長生食神乘旺。故自癸卯後漸露頭角。庚午十年功成名就辛運甫交。未屆半載旋即下台。蓋殺來混官。爭權無已而己未年。沖開丑庫癸水益泛濫不亡何待。王燮石相國入字係寒木向陽格與此亦略同。惟庚金官星。未得支神之助。而食神亦未得祿故略遜王之八字爲庚寅丁亥乙巳戊寅巳亥沖破長生寅時又官星絕地。兩相較量自非河間之比。

瞿鴻磯

官　庚戌

梟　癸未　　才食殺

元　乙亥　　剋印

傷　丙戌　　財食殺

胎元甲戌

立命子宮

初六甲申

十　乙酉

廿六丙戌

卅六丁亥

四六戊子

五六己丑

六六庚寅

水火傷官正官透干。得根於未。命宮又坐子水日貴皆屬佳象。而亥未邀卯。二戌合卯。為邀合日祿格尤非尋常八字所有。故以狀元累遷至宰相。蓋見不見之形也。丁亥戊子己運皆佳。戊己財旺生官子水日貴位正首揆。丑運三刑庚運重官皆瑕瑜參半寅運生旺。故歸道山。

趙秉鈞

殺 戊午 官財
亻 乙丑 印官刦
元 壬申 殺比卩　馬
亻 乙巳 殺才卩

胎元丙辰

立命戌宮

初一丙寅
十一丁卯
廿一戊辰
卅一己巳
四一庚午
五一辛未

納音兩火兩金鍛鍊成器戊午見乙丑為團珠耀日壬申見乙巳為燈花拂劍宜其權秉文武位至首揆矣以子平生尅之理推之大寒後土旺七殺透干又得午丑申巳暗藏戊己為之羽翼煞旺身弱其理甚明故辛運正印生扶壬水日元強台直上最為得意一交未運丑未冲動正官官煞益爭權不已甲寅流年寅申巳三刑七殺長生宜罹不測矣

錢能訓

殺己巳 官財印 貴人

才丁丑 殺印比

元癸丑 殺印比 刃

財丙辰 比官食

立命子宮

胎元戊辰

初五丙子
十五乙亥
廿五甲戌
卅五癸酉
四五壬申
五五辛未
六五庚午
七五己巳

小寒後旬辛金當令。八字雖缺金。而元機暗藏。所以為貴。且巳丑暗邀酉金辰。又與酉暗合。謂之鳴鳳來儀格。亦見不見之形也。四十歲交酉運三合金局生扶癸水日元。故強臺直上。蓋四柱土多兩財生之。則日元稍弱。酉運印局。宜不惡矣。壬運劫財掣身亦佳。戊午流年交入申運中。初藏有庚金正印用事。位至首揆。己未癸丑天冲地尅。煞強身淺。是冬下野。然申為印綬得祿。刲財長生之鄉。仍屬佳運。現在辛運。梟神受制於丁。丁卯一年。兩丁尅辛。防有疾厄。未丑冲開金庫。惟未中有七煞。瑕瑜互見。庚運大佳。所爭者丁卯五十九歲一關耳。錢於今年竟死。無待丁卯。凡劣運動機之速如此。亦可畏哉。

姜桂題

傷癸卯 財

煞丙辰 比財印

元庚申 比印食
祿

刃辛巳 比
印煞長
生

胎元丁未

立命申宮

初四乙卯

十四甲寅

廿四癸丑

卅四壬子

四四辛亥

五四庚戌

六四己酉

七四戊申

清明後十日乙木當令財旺生煞。惟庚申專祿。又有辛刃相挈日元亦有氣癸水傷官透干制煞有力三十四後便佳亥運沖巳故小有蹉跌庚戌己酉戊申二十五年印比刃梟扶身敵煞一派坦途蓋壬癸水雖可制煞究屬洩氣不及比刃印綬一面挈身一面又可敵煞也。中運重祿老憎生旺故大限止此。

李純

煞乙亥 官財

煞乙酉 食文呂長生

元己卯 神煞

傷庚午 印比祿

胎元丙子

立命寅宮

初三甲申

十三癸未

廿三壬午

卅三辛巳

四三庚辰

五三己卯

土弱金強。非時支見午。何以自存。七煞雖多而食傷乘旺制煞太過、巳運正印生扶巳土故
卅八至四十三開府江右功業甚盛辛運食神制煞本劣下有巳火尅制之則辛食失其制
煞之能巳又辛之絕地也庚運兩乙兩庚合化卯酉本巳沖去支煞至此而三乙皆減宜自
殺矣初交庚運值丁巳戊午巳未火土流年故移節金陵反似得意實則禍機巳伏而庚運
所以不免者下有辰土生扶之其勢愈盛耳由此類推可於神峯蓋頭之說外別有會心。
運必以十年爲斷又其一證。

伍廷芳

財壬寅 尅印官

梟丁未 合 比殺刃

元己卯 殺

殺乙亥 三合 官 財

立命戌宮

胎元戊戌

初一戊申

十一己酉

廿一庚戌

卅一辛亥

四一壬子

五一癸丑

六一甲寅

七一乙卯

納音五行俱足四柱官煞全彰丁壬又合成木應以從煞論故甲寅乙卯前後廿年財權兩旺壬戌流年脫卯交丙印殺生身從煞所忌故歸道山凡五行俱足者有生生不絕之機必享大年至此造完全缺金以亥卯未暗冲巳酉丑食神又見不見之形矣。

楊士琦

才辛酉 才
貴
人生昌
長
文

才辛丑 食
才
殺
庫

元丁亥 官
貴
印
人
馬
驛

印甲辰 殺
印
才

立命亥宮

胎元壬辰

初十庚子

二十己亥

三十戊戌

四十丁酉

五十丙申

六十乙未

丁亥爲胞胎印殺。而亥中甲木透出時干尤爲可貴惟財多破印是其所忌。丙丁運極佳蓋以比刼去財存印也。酉運有丁字蓋頭。故亦無妨。申運財旺。且印殺絕地又値戊午流年甲木死於午用神死絕宜不能免矣。

湯化龍

煞甲戌　印比

官乙亥　殺才

元戊子　財

財癸亥　殺才

立命午宮

胎元丙寅

初四丙子

十四丁丑

廿四戊寅

卅四己卯

四四庚辰

五四辛巳

五行納音四火一水。有水火既濟之妙。身煞兩停而戌中丁火正印元機暗藏得祿於命宮午火則弱而不弱甲乙木生扶丁火印煞不以尅身論故自己運起刲財幫身且合煞留官漸入佳境名滿海內一鳴驚人己酉流年當選湖北省議會議長卯戌化火卯運末丁巳流年正印透露日元得祿故任內務總長是年冬月交換庚運制煞既嫌其太過又洩氣逾量（土去生金）譬諸病夫上吐下瀉危殆必矣交戊庚後即辭職出游戊午流年子午冲刃又戊子戊午返吟重冲故猝遇狙擊卒以喪身八字無絲毫陽氣雖有暗藏之丁命宮之午皆陰類干支一望而知爲深沉有機變者命理之驗如此。

楊士驤

傷庚申 劫財 貴人

官甲申 劫財 貴人

元己丑 比 食 才

才癸酉 食 文昌 晨生

胎元乙亥

立命子宮

初八乙酉

十八丙戌

廿八丁亥

卅八戊子

四八己丑

五八庚寅

八字完全缺火以兩申暗合巳火印綬以丑酉虛邀巳印謂之邀合正印格亦見不見之形也亥戌子三運皆佳蓋亥巳暗冲戌巳同宮子水爲己土貴人又巳印胎鄉故尤得意己運比肩尅制時上偏財（戊巳同宮故不以合癸論）己申爭官亦其一病故驕箕酉去此造傷官見官而官星自坐絕地（甲木絕於申）不壽之徵端由於是若就正格推之非僅行運不符且八字亦無甚可貴用寅不如用虛其驗如此。

程璧光

剋己未 印 剋官貴人

食庚午 印 剋刃

元戊戌 比印才

才壬子 財

立命戌宮

胎元辛酉

初八己巳

十八戊辰

廿八丁卯

卅八丙寅

四八乙丑

五八甲子

身旺任財比刦太過喜官煞以去之乙運正官丑未冲開官庫故位至海長甲運七煞去刃

存財本為財權兩旺之象乃午月土旺甲己化土吉神逢合化為忌神又值戊午流年陽刃

倒戈宜遭狙擊矣子時冲午故一生無子。

朱瑞

劫癸未 官 l 財

傷乙丑 印 劫 官

元壬戌 財 印 殺 庫

印庚子 劫 刃

立命卯宮

胎元丙辰

初五甲子

十五癸亥

廿五壬戌

卅五辛酉

四五庚申

五五己未

殺旺身弱月上乙木。制殺爲福故亥壬十年。生扶乙木挈助壬水極爲順利。戌運刑開未庫。乙木益有力又値亥子丑寅卯流年。且壬水蓋頭。食其餘蔭宜開府臨安矣。丙辰流年天沖地尅歲運又沖宜變起蕭牆倉皇出走。蓋戌未土旺丙辰又沖開土庫火土相生七殺太旺也。三十五交辛運破了傷官宜不獲免。

藍天蔚

煞丁丑 <small>梟比食</small>

食癸卯 <small>才</small>

元辛卯 <small>才</small>

印戊戌 <small>殺印比</small>

胎元甲午

立命辰宮

　　　　初五壬寅

　　　　十五辛丑

　　　　廿五庚子

　　　　卅五己亥

　　　　四五戊戌

　　　　五五丁酉

歲干獨煞得根於戌。丑戌刑而丁煞盆顯乃兩卯爭欲合戌。刑而不刑木旺金囚印入敗地。盆以煞旺其何以自存子運長生合丑化土印綬生身自係佳境己雖制食究保生金故先益以煞旺。其何以自存子運長生合丑化土印綬生身自係佳境己雖制食究保生金故先泰後否亥運會財辛酉流年卯酉冲祿財旺生煞祿冲而身盆不振故及於難。

威廉第二

印庚申　官劫印
殺己丑　殺印比
元癸酉　卩
比癸丑　比殺印
　　　　刃

立命寅宮

胎元甲辰

初五庚寅
十五辛卯
廿五壬辰
卅五癸巳
四五甲午
五五乙未

余於乙卯夏間。覓得威廉第二年月日時。因取中西歷參合演成上列八字。即知其戊午己未之交必大失敗。擬以法文投函西報。因循未果已而果如余所測。可見命數所定雖歐美人亦莫可倖免也。此造木火全缺可謂奇特。而胎元納音屬火命宮坐寅屬木又補其不足。大寒後土旺則透干之煞極為強悍。年上印綬生扶日元。具徵國基之鞏固。癸運絜身且三癸棄聚。尤屬得力。巳酉丑三合金局。自更進步甲己合煞午運去梟存印。故前後二十年。如日之升。乙運制煞乃合化成金。故甲寅流年一交乙運歐戰遂起戊午己未。在交脫之間。未丑冲刃七煞乘勢戊己官煞又爭權不已。故國內革命一蹶不振幾為拿破崙之續。是則命理之驗又彰明較著矣。

人鑑卷上

十八

孫中山

印乙丑　食才庫

比丁亥　印官貴人　驛馬人

元丁酉　才　貴馬文昌　人生昌

官壬寅　剋才印

胎元戊寅

立命卯宮

初六丙戌

十六乙酉

廿六甲申

卅六癸未

四六壬午

五六辛巳

三奇局秀鳳騰翔即此造之謂也。惟官印俱備而帶偏財。三奇不完。且命宮癸卯。與丁酉日
元天冲地尅故生平事功。歷險阻艱難而後成。乙丑武庫之眞者。故每握兵符驛馬貴人坐
於天門。故一生奔走得位壬運合化兩丁。辛亥一年。又貴登天門宜膺第一任總統癸丑七
殺混官又亡命午運祿堂復爲黨魁且護法首功所以挫折者。八字未純之故以運論固佳。

徐世昌

食乙卯 貴人 食人

財丙戌 才庫

元癸酉 官印

財丙辰 食比官

立命卯宮

胎元丁丑

初六乙酉
十六甲申
廿六癸未
卅六壬午
四六辛巳
五六庚辰
六六己卯

東海八字最難推究。淺者謂其沖中逢合即以取貴。不知此等格局甚多。未足為奇以正格論之。雜氣財庫丙火透出辰戌沖開木火相生財星得令癸水失之弱。故行金水運皆佳。而辰末冲出癸水比肩。尤美然此自行運之否泰而言耳。其八字本體貴徵安在。至可尋昧余覃思數稔直至前日始恍然大悟。蓋酉戌包藏申亥。卯辰包藏寅巳。申亥在酉戌之前後寅巳在卯辰之前後愈覺有力若改作酉辰卯戌。或卯戌辰酉皆不能包藏矣。四孟四孟全備富貴已極。別其屬於見不見之形哉（用實不如用虛）己運七殺尅制癸水且孟中財官皆正徧者爭權患其所忌。初交巳運因庚申辛酉流年大佳。故尚能支持壬戌流年壬尅丙戌冲辰故狠狼下野。丁卯流年在己卯大運中歲運悉係冲尅。（己卯與癸酉丁卯與癸酉）防大限。

徐樹錚

煞庚辰　印才刧庫
傷丁亥　比印長生
元甲辰　印才刧庫
印壬申　才殺印

胎元戊寅
立命戌宮

初十戊子
二十己丑
三十庚寅
四十辛卯
五十壬辰
六十癸巳

歲煞得祿月上透出丁火傷官。以制煞而甲木日元得長生於亥。亦不盡弱寅運日元得祿又木火相生故自三十五至四十極為得意。辛運正官與七煞爭權庚申流年七煞勢盛。益來混官宜作逋客矣。今年十月後交入卯運卯木陽刃刃煞相顯。申子辰又三合會局有意外機遇。乙丑流年亦佳。丙寅丁卯。大有發展。戊辰己巳財官兩旺。惟己巳下半年交入壬運。壬水梟神非其所喜。內值壬申流年五十三歲防不測風波。甲戌五十五沖開辰庫又入佳境。乙亥丙子兩年強台直上權位益隆。六十歲癸運癸水傷丁。急流勇退否則辛巳流年六十一歲有虎尾春氷之懼。慎之慎之。

◗ 黎元洪

印甲子　煞

印甲戌　イ比　才

元丁巳　イ封財

煞癸卯　卩

立命辰宮

胎元乙丑

初八乙亥

一八丙子

二八丁丑

三八戊寅

四八己卯

五八庚辰

身煞兩停。八字缺金其優柔寡斷。一望而知此造妙處在卯巳拱辰。戌子拱亥。辰爲龍亥爲
雲所謂龍雲際會格亦見不見之形也歲君逢辰亥最吉而大運值之則反不美此等格局。
忌填實耳已卯十年制煞都身宜其扶搖直上庚運生煞非其所喜去年癸亥又保天冲地
尅全軀失位已屬大幸今年甲子癸煞得祿尤宜謹愼丙寅六十三交足辰運辰戌冲開火
庫當有動機惟辰龍塡實必先吉後凶於庚午年見其凶兆。

段祺瑞

比　乙丑　才

才　己卯　比

元　乙亥　劫印飛馬

印　壬午　才食長生

立命申宮

胎元庚午

初一戊寅

十一丁丑

廿一丙子

卅一乙亥

四一甲戌

五一癸酉

六一壬申

合肥八字係交祿格而以乙丑爲眞武庫故櫃兼文武蓋己祿在午壬祿在亥乙祿在卯。除
丑字外交互得祿旺氣所聚最忌沖破而不畏生扶蓋與曲直專祿等格同其運用也甲己
化土戊丑刑開武庫故乙巳四十一後漸展懷抱乙卯五十一交入癸運梟神與正印爭權
故此五年中升沈無定庚申五十六交足酉運卯酉沖祿直皖之役當然不利現仍在酉運
官煞爲祿神所忌仍難稱意惟今年甲子午一冲恐有動機欲其稱意則須待明年乙丑
六十一歲春夏之交壬運正印扶起旺氣美不可言矣就中尤以丁卯戊辰兩年最佳己巳
天冲地尅尚待研究以理論在壬運中當爲逢凶化吉之象庚午六十六又換申運急流勇
退。癸酉六十九防大限

王士珍

刃辛酉 刃

煞丙申 比祿

元庚子 印食

元庚子 イ

煞丙戌 印官 刧

胎元丁亥

立命亥宮

胎元丁亥

初五乙未
十五甲午
廿五癸巳
卅五壬辰
四五辛卯
五五庚寅
六五己丑
七五戊子

此造以申酉戌。暗沖寅卯辰。爲沖財格。不見甲乙並暗藏之木。亦不可得。又所謂見不見之形也。申酉戌子虛一亥字。而命宮坐亥虛邀丑未貴人。又爲虛邀貴人格。蓋未在申酉戌亥子之前。而丑在申酉戌亥子之後也。寅卯運不佳庚辛運反屬稱意。可見沖財之妙。寅卯填實也時上七煞故無子。現仍在寅運末明年乙丑六十五歲交足己丑運貴人填實却無取印。虛邀貴人格喜見己丑。爲貴人本家此五年當極稱意必可再起。丑運貴人填實却無取矣。（現在寅運寅中沖財寅實皆非佳象必待明年七月後寅運交脫方可進取在寅運中仍宜保守否則殆矣。

曹錕

食壬戌 官刦
食壬子 イ
元庚子 イ
然丙子 イ
胎元癸卯
立命巳宮

初九癸丑
十九甲寅
廿九乙卯
卅九丙辰
四九丁巳
五九戊午

此造或取飛天祿馬格。或取金水眞傷官格。余以爲皆僅得半者也。此造金寒水冷而日主
又弱食傷既多制殺太過妙在八字純陽丙火七殺雖不甚旺有陽氣助其不足乃黍谷回
春之象。四十四歲辰戌冲開火庫七煞始顯辰土又可生扶日主故四十四後強台直上屢
握兵符丁壬化木生煞巳爲庚金長生丙火祿堂尤美五十九戊運以土去水尅盡食傷則
丙煞得用宜其威權日隆卒以當選一國元首也惟今年甲子與戊午歲運相戰且乙丑即
交足午運今年在交脫之秋三子冲午在飛天祿馬格爲塡實在金水眞傷官格爲見官（
金水傷官雖喜見官亦不宜冲尅太過）在制煞太過格爲官殺爭權且三子一午水旺火
衰。今夏五月。或冬間十一月恐有凶象水旺火衰冲尅太過。或主政躬違和所喜丙寅起仍
屬佳運直至交申前後廿年如日之升。

張作霖

財乙亥　才　天池
印己卯　財
元庚辰　甲財魁罡　戌
刃辛巳　印比食　長生

胎元庚午
立命酉宮

初五戊寅
十五丁丑
廿五丙子
三五乙亥
四五甲戌
五五癸酉

魁罡日主八字同出一旬。庚辰為金龍。得卯巳風雷夾拱。亥為天池。龍躍天池。風雷助之。其變化不測。從可喻已。倘僅就普通子平之理推測。充其量一師旅長耳。以天池之龍風雷震之义。隨雲上天。故自甲寅至巳未威權日隆。動關時局甲戌與庚辰。天冲地尅。若以冲開水庫而論。美不可言。若以魁罡忌冲尅而論。必失位喪身。現仍在甲運之末。今年二月。即交入戌運甲戌為此造八字之旬首。襄聚於一大有動機壬戌在甲運直奉之役。襄其師徒。大挫銳氣論者謂為魁罡忌冲之證。然壬戌與甲戌不同。正未可一例。蓋甲戌已卯六合之真（因其同出一旬）貪合忘冲似又不當以冲尅論（是則冲開水庫與冲尅魁罡兩說。皆非所論矣。）

吳佩孚

官甲戌　才殺劫卩食
　　　　庫昌生　文昌足

劫戊辰

元己酉

劫戊辰

胎元己未

立命中宮

初五己巳
十五庚午
廿五辛未
卅五壬申
四五癸酉
五五甲戌

吳子玉八字。自言係卯時。余以子平及河洛之理。反覆推究。皆屬不合。又以寅辰兩時勘之。辰時最符。今即以辰斷。蓋穀雨後酉為將星。而辰戌夾拱將星宜其大貴。若非兩見戊辰於月時。易以其他之辰。又非所論東海八字兩丙坐辰戌。夾拱癸酉。與此頗彷彿此造除甲酉外五字皆土非甲木以疎之酉金以洩之則土雖厚重不毛之地耳四柱缺水故癸運一鳴驚人壬戌沖開水庫庚申半會水局直說直奉之後功高震主亦其所現在酉運兩酉兩辰水庫逢合似不甚佳惟今年甲子辰子又半會水局己土貴人在子極盛難繼明年乙丑則殆矣若能急流勇退甲戌十年功名蓋世

辛酉年在豫遇刳足證酉字患其所忌蓋墓庫宜沖不宜合值喜神尤須刑沖則庫中之物方能顯露若值忌神又當別論

唐繼堯

傷　癸未　官庫貴人

比　庚申　官印祿

元　庚寅　冲　殺才卩

食　壬午　卩食比印

立命卯宮

胎元辛亥

初三己未

十三戊午

廿三丁巳

卅三丙辰

四三乙卯

五三甲寅

八字納音完全屬木蘭台妙選所謂紅圍綠遶亦見不見之形也。惜生於秋令。不得其時而胎元納音屬金尅木破格又美中不足若以子平常理推之立秋後水旺壬申癸寅午皆爲洩氣僅一未土正印臨貴扶助日元淺者以極旺論未得其眞蓋壬水進氣於立秋庚雖得祿尙本當旺此不可不審也（然亦不爲弱）巳丙十年最佳因獨財受制去此則存財辰申會水局初交乙木一度下野壬戌流年交辰中戌土寅午戌三合火局官煞太旺幸辰戌冲開土庫合而逢冲則官煞勢減故得再起今年甲子申子辰三合水局必有動機蓋合局生財固佳而子午冲去官星一喜一憂明年乙丑兩乙兩庚天作之合且乙卯納音屬水水木相生此十年大展懷抱。　余再加審度此造可稱爲秋柳搖金辛亥微金方爲合格且僅一見若易以其他之金或二三見則破格矣。

馮玉祥

人鑑卷上　　二十八

財壬午　比印祿
傷庚戌　劫陽食
元己酉　食文昌生
傷庚午　比印

胎元辛丑
立命子宮

初二辛亥
十二壬子
廿二癸丑
卅二甲寅
四二乙卯
五二丙辰

兩午包裹酉戌申亥財貴見而不見又申亥爲乾坤所謂天地包藏神得用者也其爲奇格。自不待言以子平旺弱之理論之食傷過多變旺爲弱。寅運三合印局生身。故扶搖直上乙運乙丑年合化兩庚大有起伏。丙寅流年却極得意蓋丙火制庚寅午戌三合權位極隆當無可疑戊辰四十七冲開戌庫尤佳。卯運冲動四仲（命宮坐子子午卯酉四仲全冲）若非貴不可言則恐於大數有礙。丙辰十年。如日之升丁運合壬嘆觀止矣。

盧永祥

食丁卯 比祿
官庚戌
元乙亥　才殺印
食丁丑　刦印　財食殺

胎元辛丑
立命未宮

初五己酉
十五戊申
廿五丁未
卅五丙午
四五乙巳
五五甲辰
六五癸卯

支神與未宮。三合木局。弱而不弱。丁火透出天干。丑戌刑開火庫。又在寒露十日後。正屬丁

火用事之秋。取雜氣木火眞傷官格。毫無疑義。庚金官星。與丑戌辛煞彙聚於一官化而煞。

則又以傷官駕煞論矣。眞傷官格假煞爲權。故名盛一時。廿五以後。一派火運漸入佳境。乙

運挈身。又生扶丁火。強台直上。亦固其所。巳亥冲馬。一麗出鎮巳丑會煞。已未年。丑未冲開

煞庫。殺印相生。故開府臨安。辛酉一年。酉卯冲祿。癸亥一年。癸丁尅戰。故此兩年。內虎尾春

冰。其象每見。惟辛酉年。即已交足甲乙木陰柔。見藤蘿繫甲爲福。今年又值甲子亥丑中

拱子水貴人。所謂見不見之形。足甲運乙木陰柔。（流年不以填實論）。明年乙丑。又利

開煞庫權位尤隆。內寅六十歲交入辰運丁卯戌辰。均係佳境。惟巳巳一年。天冲地尅急流

勇退。癸運傷丁壬申年防大限。

齊燮元

刃	乙酉	寅　才食煞
煞	庚辰	合合　才食　祿
元	甲寅	印　才財比　庫
財	己巳	合刑　才食煞

胎元辛未
立命未宮

初九己卯
十九戊寅
廿九丁丑
卅九丙子
四九乙亥
五九甲戌

寧河八字係從化格。且化得其眞。爲近百年來不多見之造。蓋穀雨後土旺。乙庚酉辰。又化成金局。則甲己從化。其理甚顯。滴天髓云。凡化局要見辰字。辰爲龍神。龍變化不測也。今此造月支坐辰。尤屬得力。四柱中缺水。又必須從化之證。微嫌寅辰幫身爲病。故丑運庚申年。天冲地尅。尅盡寅祿。一鳴驚人。膺半壁東南之寄。否則三合煞局。益以天冲地尅。救死不暇矣。卅九至四十九。十年佳境。威權蓋世。子雖正印。有丙子蓋頭。無慮。明年乙丑。又三合會局。而甲庚皆以丑爲貴人。有宰制全國之象。惜乙庚爭合。甲分爭。或仍須屈於一人之下耳。戊辰四十四。龍翔天際。干支皆土。是年可膺一國元首。惟乙庚午四十六歲宜勇退。餘皆坦途。寧河自言係午時。果爾則係從煞格。丑運會煞。且爲甲庚貴人。庚申中煞旺。凡從煞格忌見根氣。故庚申甲寅。天冲地尅。尅去寅祿。亦佳。丁雖制煞。陰火無妨。丙庚相戰。甲子或丙寅流年。必有奇禍。庚午尤劣矣。

王承斌

財丁丑 官印刧

殺戊申 殺比生

元壬戌 殺財印庫

才丙午 官財

立命卯宮

胎元己亥

初四丁未
十四丙午
廿四乙巳
卅四甲辰
四四癸卯
五四壬寅
六四辛丑
七四庚子

入字缺木而胎元補其不足。立秋後壬水得令。丑戌又刑開金庫。金水相生。日元亦不弱。三十四歲甲木制殺漸露頭角。三十八歲辰戌冲開水庫。申辰又半會水局強台直上。四十四癸運陽刃合殺權位益隆。今年甲子甲木制殺子午冲卯。大有運機卯運合戌化火瑕瑜互見。壬運五十四比肩挈身又入佳境。五十五六七尤佳寅申冲動驛馬而寅午戌三合財局。驛馬乘財五十九歲後經商大利富可敵國（壬運有意外際遇）六十四辛運丙辛化水權蓋一國於庚辰年應之丑戌刑庫亦美庚運梟神老憎生旺防大限。

人鑑—命理存驗·命理撷要（原版足本）

薩鎮冰

食 巳未 印刀

比 丁卯 印

元 丁卯 印

梟 乙巳 刊財

胎元戊午

立命酉宮

初五丙寅
十五乙丑
廿五甲子
卅五癸亥
四五壬戌
五五辛酉
六五庚申
七五己未

四柱偏陰五行純火格局極爲奇特命宮坐酉財貴所託補八字之不足又見不見之形也。

癸亥壬三運雖亦不惡倘非其至者戊申流年交入戌運戌未刑開墓庫故強台直上辛酉

十年偏財得祿且以金尅木尅去梟神亦屬佳境去年交庚運乙庚化金尤佳明年乙丑六

十七歲丑未冲開武庫際會風雲迴異從前丙寅一年歲運冲戰大有動機丁卯亦不惡戊

辰交申運七十歲至七十五。此五年權位極隆七十五歲癸酉交入己運己未納音又添一

火過於偏枯且癸酉丁卯大冲地尅急流勇退戊寅八十歲騎箕西去。

李經羲

食己未　比食
　　　　卩刃

比丁卯　印

元丁巳

財庚子　殺　刃刦財

胎元戊午

立命寅宮

初五丙寅
十五乙丑
廿五甲子
卅五癸亥
四五壬戌
五五辛酉
六五庚申
七五己未

仲老此造得自廉石者。原係戊午壬子。余細加推究斷其非是。蓋必爲十二點以前之子時。於命理及前運方合其詳別論茲先就丁巳判斷木旺火相食先煞後納音三火二土相生。皆爲貴徵惟財輕而比刦重故壬癸運去比存財財權兩旺若爲戊午日元身本不旺財且破印安得貴顯戌運辛亥正值戌中丁火比肩故在滇遇險辛運偏財本佳二丁制之丁巳年又多一比故雖再起未稱懷抱酉卯冲財亦非所喜現在庚運流年甲子甲己化土子水七煞乙丑冲開財庫今歲必有佳晉明年尤美丙寅六十八歲運相戰丙奪丁光急流勇退申運又入作境戌辰一年有意外際遇申子辰三合官局也己運亦佳未運戌寅年老憎生旺騎箕西去。

王一堂

傷戊寅 ㄔ印

才辛酉 ㄔ才　食長文　人生昌

元丁巳 ㄔ刻財

比丁未 比食　陽ㄉ

胎元壬子

立命子宮

初二壬戌
十二癸亥
廿二甲子
卅二乙丑
四二丙寅
五二丁卯

四柱缺水並暗藏之壬癸亦不可得。則丁巳丁未夾拱午祿。拱得其眞若稱見官煞非所論
矣。丙奪丁光又值庚申流年寅申冲破正印寅木印綬爲暗祿之根。(寅木生扶午火)受制
於申故甲年申月以不虞之毀遂成通客去年癸亥天冲地尅尤鳳不佳幸善韜晦尚無意
外今年八月後交足寅運又入佳境。且甲子流年正印得祿於寅否極泰來可以斷定惟嫌
丙火蓋頭或發展略遲耳明年乙丑巳酉丑三合財官兩旺。四十九丙寅歲運併臨防有刑
尅駁雜丁卯五十歲三丁彙聚際會風雲五十二巳巳交入丁運此五年爲生平最得意之
秋。大展懷抱不僅位正首揆己也甲戌五十六急流勇退方可自全。

人鑑—命理存驗・命理摘要（原版足本）

人鑑卷上

汪兆銘

財癸未　印劫官　貴人

梟丙辰　比財官　庫

元戊申　食比才　長生　文昌

印丁巳　比印祿

胎元丁未

立命午宮

初十乙卯

二十甲寅

三十癸丑

四十壬子

五十辛亥

六十庚戌

身旺任財又柱中缺木亦可以日祿歸時論寅運三刑七煞損祿故因炸彈案繫獄癸運正財享盛名受榮施丑未沖貴中多駁雜壬丁化木有意外機遇今年甲子申子辰三合水局財權兩旺惟化木爲煞非歸祿所喜丁卯四十五交足子運又係三合財鄉且係大運尤爲得力此五年極佳功成名就位極一時辛運合丙威權益隆否則丁印制辛大不吉矣巳冲祿五十五丁丑急流勇退辛巳年戊寅年最宜謹慎庚戌十年如日之升巳運生旺防大限土重見金自坐文昌宜其穎秀能文名滿海內

三十五

四三

唐紹儀

財辛酉 財貴人

才庚子 官

元丙辰 食官印

傷己丑 才官財庫

胎元辛卯

立命卯宮

初十己亥

二十戊戌

三十丁酉

四十丙申

五十乙未

六十甲午

四柱缺木丙辛雖隔千亦化。蓋子月水旺子辰半會水局。且柱中金多生水。從化無疑惜時
上透出己土傷官命宮胎元又坐正印化而不化前運自酉起遭際項城始入佳境丙運合
辛。（水旺之月兩丙亦化）申運三合水局大為得意乙庚化金水局所喜故一度組閣乙
卯交入未運水土交戰故屢有動機屢不能起現交甲運甲己又合即不以合論梟神亦不
佳今年甲子大有危機午運冲子陽刃飛起無論如何庚午一年必不獲免此造火騎龍又
值水旺之月金多生水似可謂化之眞者乃己土卯木一再破格雖有富貴亦難悠久殆以
是耳。

岑春煊

比 辛酉 比祿

傷 壬辰 才食印

元 辛亥 財傷

印 戊子 食

胎元癸未

立命子宮

初十辛卯

二十庚寅

三十己丑

四十戊子

五十丁亥

六十丙戌

西林自言以丑時生然余推究其八字當係子時蓋彼每值火運皆有挫折。若從丑時殊為不合子時則八字完全缺火並暗藏丙丁亦不可得。取六陰朝陽格方能貴顯而六陰朝陽旺氣所聚官生扶亦宜發洩獨嫌尅制。故曰陰若朝陽切忌丙丁離位。西林行戊子十年財權兩旺是其明徵而丁運庚戌流年即一蹶不振辛亥在蜀狼狼出走癸丑竟亡命海外。此又六陰朝陽不喜丙丁之證亥運傷官得祿正財長生故乙卯即以護國軍興為軍務院領袖。因丙辰丁巳流年皆火故未竟其志戊午又主席軍政府。正印生扶辛金日元也庚申六十歲交入丙運復告失敗。明年交戌冲開火庫丁卯六十七卯酉冲祿恐防大限。若能幸免乙運五年尚可有為。

人鑑卷上

熊希齡

比庚午 甲官

傷癸未 卯印 官庫 庚財 貴人

元庚申 印 食 比祿

官丁亥 才 食

胎元甲戌

立命戌宮

初六甲申
十六乙酉
廿六丙戌
卅六丁亥
四六戊子
五六己丑
六六庚寅
七六辛卯

納音二木二土修成堤岸。亦見不見之形也。正官得祿於午。而四柱缺木。妙在亥未半會財局則官星有根。大暑後土旺生金又日支自坐專祿。當以身旺論亥運最佳。土燥火炎得亥水食神以疏其氣。故位至首揆戊癸化火本屬不佳合化梟神稍愈子運沖午今年甲子又與太歲戰剋非佳運也己土正印破了傷官此五年不宜進取六十歲後交入丑運丑未沖開財庫却有動機庚午辛未兩年頗好庚運比肩急流勇退寅運沖中逢合一喜一憂辛巳七十二四孟沖動若非一鳴驚人即有殺身之禍辛運陽刃防大限。

斬雲龐

食丙子 印
才戊戌 オイ官
元甲子 印
官辛未 イ財刮貴人

胎元己丑
立命子宮

初六己亥
十六庚子
廿六辛丑
卅六壬寅
四六癸卯
五大甲辰
六六乙巳

此造原作午時。然午時子午旣冲。且寅運會成火局。何以反佳故改從未時。納音五行俱足。

時上一官獨透皆屬佳象。而甲子辛未出於同旬。眞官眞印眞財眞貴。故尤爲可貴壬運本

爲倒食喜與甲合蓋壬亥同宮甲寅亦同宮。此所謂無合有合後學難知者也寅運祿堂自

極得意癸運合戌。貪合忘印。故下野卯運合刃惜合化爲火瑕瑜互見。甲乙運大吉辰運亦

佳。

孫寶琦

刃丁卯　印
梟甲辰　印官食
元丙子　官
比丙申　才食殺文昌

胎元乙未
立命寅宮

初八癸卯
十八壬寅
廿八辛丑
卅八庚子
四八己亥
五八戊戌
六八丁酉

申子辰三合水局。而卯木正印。見於歲支則以官印相生論。蓋彰明較著。申金獨財合局化官。且比刦透干故生平清廉。命宮坐寅冲動時馬。故屢膺折衝之寄庚金關甲制去梟神則正印得用三十八歲後即入佳境子運官星旺地故外任疆寄旋改內除間亦一度代摸己與甲合化梟神亥運貴人前後十年皆頗不惡今年甲子三月後交入戌運戊土食神二甲制之必待五月庚午削去甲木方入坦途惟九月甲戌三甲制戌似稍遜耳乙丑一年却係佳運丙寅流年冲動申金驛馬頗有所獲己巳六十三交入戌運辰戌冲開墓庫又甲己化土去梟丙火得祿於巳此年爲生平最得意之秋財權兩旺庚午一年尤佳蓋在佳運中天冲地尅反屬吉象甲戌六十八著自珍衞

梁士詒

傷己巳
_食^比^才
^祿

食戊辰
^印^{食印}
^官

元丙申
^食^才
^殺^父
^昌

印甲午
^イ^刦
^刃

胎元己未

立命午宮

十一丁卯

廿一丙寅

卅一乙丑

四一甲子

五一癸亥

六一壬戌

七一辛酉

火土真傷官洩氣太過。非刃祿挈身。何以自存。甲運制戊。（二甲不合己）故強台直上子運三合官局官印相生本屬佳境惟子午沖刃故丙辰年因帝制獲譴戊癸化火己未年特赦。辛酉年丙辛化水故膺揆席壬水七煞與戊土戰尅又遭通緝蓋戊癸化火固佳而貪合忘官雖榮不久也。今年三月後交入亥運巳亥沖襟子午沖刃若令年得免則壬運五年大有起伏戌辰沖開火庫辛丙化水六十五至七十年佳境大展懷抱酉辰合庫却無取矣。

張謇

才癸丑　比食才

劫戊午　劫才

元己巳　印才劫

印丁卯　殺劫

胎元己酉

立命未宮

初九丁巳
十九丙辰
廿九乙卯
卅九甲寅
四九癸丑
五九壬子
六九辛亥
七九庚戌

納音二木二火木火相生卯巳夾拱辰土財庫胎元與巳丑三合金局皆所謂見不見之形也以子平正格論之火旺土相日元極強卯木七煞得祿又長生於午與月氣相通可取為用行癸丑壬子財旺生煞名利俱遂現在辛運丁火制辛似非其所喜丙寅七十四交足亥運寅亥化木財櫃愈旺丁卯戊辰己巳庚午尤佳庚運亦美戌運生旺乙亥八十三天冲地尅防大限。

汪大燮

殺己未 <small>才殺食</small>

食乙亥 <small>才劫</small>

元癸亥 <small>才劫</small>

財丙辰 <small>比官食</small>

胎元丙寅

立命寅宮

六五戊辰

五五己巳

四五庚午

卅五辛未

廿五壬申

十五癸酉

初五甲戌

亥月水旺日元甚強己土七殺透出年上有乙木制之格中所喜惟八字缺金並納音而無。

用亥未暗冲巳丑用辰暗合酉字則印綬隱然可見又見不見之形矣巳運填實喜巳亥一

冲反憂為喜否則殆矣現在戊運官煞爭權瑕瑜各半明年乙丑與太歲戰尅似不甚佳丁

卯流年三合木局有意外之得己巳七十一入冲地尅且七煞入墓大限止此。

張紹曾

才己卯 _{梟比}

劫甲戌 ^{合合} _{財食殺}

元乙亥 _{封印}

官庚辰 ^合 _{印財比}

胎元乙丑

立命卯宮

初四癸酉

十四壬申

廿四辛未

卅四庚午

四四己巳

五四戊辰

六四丁卯

敬與八字。原作卯時。然余詳推卯時無可取。賞僅納音二火二土同一旬生於四季。可作火土相生論。然於眞理上稍涉牽強。應改從辰時。蓋辰時八字同出一旬。財官印三奇所謂眞官眞財眞印眞祿。乃福神治世之格。宜貴不可言。且未庚兩運故皆佳。巳運膺首揆壬戌一年冲開財庫歲運皆財旺生官也。胎元乙丑武庫之眞（乙丑納音屬金）故歷掌兵柄。現仍在巳運必可再起丁卯戊辰皆佳。巳初庚金官星得其長生耳已巳乙亥。天冲地尅歲運相戰。五十一歲必有非常風波。庚午辛未却佳戊辰十年亦美卯運防大限。

襲心湛

財己巳 才食殺

財己巳 才食殺

元甲子 殺印

印壬申 殺才印

胎元庚申

立命卯宮

初十戊辰

二十丁卯

三十丙寅

四十乙丑

五十甲子

六十癸亥

夏木茂盛納音三木二金正可資以成材而八字同出一旬尤爲可貴惟以正格論之財食太旺仍須生扶乙運雖佳丑土爲七煞墓地當屬不佳甲運兩甲兩己天作之合故以財長。正位首換。（甲子己巳又爲眞六合宜其得力）現在子運今年係甲子歲君殆又有意外湊合亦未可知癸運正印兩己制之又逢己巳流年六十一歲貪財破印必因財得禍虎尾春冰賢者所戒凜之凜之。

孫洪伊

才壬申　食父昌　比才
傷辛亥　比才
元戊辰　官財庫
殺甲寅　殺比　驛馬

胎元壬寅
立命辰宮

四柱缺火而金水木遞生尅干。非寅中微藏丙火則主機幾於全息。亦奇格也。申辰會水寅亥化木於戌土皆爲洩氣。惟木能生火。故父不以尅土論。卯運寅卯辰彙聚木火相照丙辰流年遂長内務因辰庫無冲丙辛貪合。故不久於位。四十八後交入丙運寅中丙火透出本佳。乃兒化水。此數年内動多失意即丙辛貪合之病。今年甲子立冬後交辰運三合水局。患其所忌。惟水木相生秋冬或有動機己巳五十八歲交足丁運後丁壬化木木來生火而已巳流年又冲動四孟當極得意庚午尤佳甲戌一年交入己運寅申巳亥完全冲動甲戌與戌辰又天冲地尅若非至吉即恐大凶六十八至八十三戊午己十五年美不可言以余詳推此造六十八以前雖或發展皆時雨時晴之象必欲償其抱負決須六十八以後。（因辰丁巳三運皆有未能盡善之處如辰庫無冲丁壬合印。（幸能生火否則大劣）巳亥冲祿皆其顯著者。

初八壬子
十八癸丑
廿八甲寅
卅八乙卯
四八丙辰
五八丁巳
六八戊午
七八己未

吳景濂

才癸酉 食 長生 文昌

煞乙卯 煞

元己巳 劫印 イ

比己巳 劫印 イ

胎元丙午

立命酉宮

初五甲寅

十五癸丑

廿五壬子

卅五辛亥

四五庚戌

五五己酉

六五戊申

余於此造頗費研究。最後始決定。仍為煞旺有制格。然卯酉巳冲冲去卯殺。乙木陰柔宜制

伏不宜合去蓋制伏則煞猶存在合去則煞之生機息矣。此辛運較庚為愈。而亥初壬水財

星生殺。反見佳象也。亥未甲官官煞相混故末佳壬戌四月。交戌初辛金正以制煞壬戌流

年兩戌不合一卯。癸亥十二月交入戌中丁火則合化為火故失敗。必待明年乙丑九月以

後脫丁交戌復入佳境以外格論之己乙癸暗合甲戌庚三奇又得卯巳為風雷故享盛名。

卯酉冲破文昌長生故生平叢謗。

高凌霨

劫　庚午　<small>印殺貴人</small>

才　乙酉　<small>比蟻</small>

元　辛亥　<small>时</small>

印　戊戌　<small>印殺比</small>

胎元　丙子

立命　申宮

初十丙戌
二十丁亥
三十戊子
四十己丑
五十庚寅
六十辛卯

高五此造前於本欄發表。將其行運誤作五歲。全盤皆錯茲特更正之。此造乙庚化金則四柱無財用酉戌亥暗合寅卯辰。故能致貴顯而八字與胎元各出一旬謂之五旬納福亦見不見之形也以子平常理測之亥中傷官秀氣獨鍾庚運雖係天干亦有金水相生之意宜其己未年交入庚運扶搖直上矣惟今年八月寅運填實又寅午戌三合會煞為凶仍宜急流勇退。

王正廷

財壬午 比 印祿

剋戊申 イ 印財貴人 驛馬

元己酉 食文昌 晨生

剋戊辰 才 剋殺庫

胎元己亥

立命辰宮

初一己酉
十一庚戌
廿一辛亥
卅一壬子
四一癸丑
五一甲寅
六一乙卯

兩剋透干官煞不顯以普通子平之理推之全無佳處。顧一細繹其中微妙之點。則八字並胎元三木二土而戊申己酉乃大驛之土所謂木多遇土修成堤岸者也。三十以前未佳何耶。庚戌辛亥金剋木也。三十一以後漸入佳境者壬子癸丑皆納音之木也。故子午雖冲仍係佳運否則金多洩氣冲祿大劣矣。今年甲子申子辰三合財局秋後極佳有意外機緣。財官兩旺十一月尤好辰丑財庫將來必一權財長之篆無可疑也。丑運墓庫四十五後必有刑剋甲運五年瑕瑜互見寅申冲馬航海梯山。乙運七煞權位尤隆惟卯運冲酉且乙卯己酉大冲地剋七十歲辛卯騎箕西去。（今年上半年甲己貪合忌官故多波折）

顧維鈞

印丁亥　官財

才癸丑　比食才

元己亥　官財

刧戊辰　才刧殺庫

胎元甲辰

立命未宮

初八壬子

十八辛亥

廿八庚戌

卅八己酉

四八戊申

五八丁未

身財兩停八字缺金則財星無根以丑中暗藏辛金食神爲用滴天髓所謂一個元機暗裏藏也又兩亥炎丑中拱子水貴人亦見不見之形十九後辛金透出漸入佳境庚爲陽干生扶癸財尤屬得力故強台直上戌運刑開丑庫財官兩旺兼享盛名固所應爾今年甲子上半年仍在戌運臘月前後交入己運急流勇退己巳四十三己酉丑三合金局又天冲地尅必可再起在佳運反爲吉象也(己巳十二月交酉運)酉運辛金食神得祿庚午辛未壬申三年兼權財政兼攝席陛遷喜慶應有儘有惟癸酉運四十七歲歲運相戰善自珍攝戒之在色甲戌四十八交入戌運返亟宜保守否則有禍中運五年又佳丁運梟神却無取矣此造雖佳而壽元未足蓋食神入墓也必以外交兼權財政時支坐辰土財庫也己亥日作下財星得祿而亥丑辰癸又各有正偏財宜其生平多豔福矣

比丙子 官

財辛丑 官財庫

元丙申 才殺文昌

食戊子 官

胎元壬辰

立命卯宮

初四壬寅

十四癸卯

廿四甲辰

卅四乙巳

四四丙午

五四丁未

大寒後土旺。財食正官重疊洩氣。八字缺木似無可取用。而命宮坐卯。爲丙火正印補其

不足較諸柱中明見印綬者尤爲有力。正財歸庫故歷任財政交通等部總長胎元與八字

三合水局故亦屬折衝之寄乙運正印巳火祿堂故強台直上巳運更佳蓋巳申財祿作合

也內運爭財惟係比肩雖因事去官財運仍不惡午運沖子今年甲子三子沖午陽刃飛起。

若獲無恙則內寅丁卯戊辰三年皆吉內寅沖馬必有動機丁運尤佳未運却無取矣。

周學熙

印乙丑　才殺庫　食

食己丑　才殺庫　食

元丁亥　官印貴人

才辛亥　官印貴人

立命巳宮

胎元庚辰

初三戊子

十三丁亥

廿三丙戌

卅三乙酉

四三甲申

五三癸未

六三壬午

丁亥日貴得亥時為浮水燈光生於小寒後尤屬合格甲申十年財權兩旺蓋甲木印殺生扶丁火申金正財生扶亥官而自神峯蓋頭之說證之申運尤得甲之餘蔭然以余推測甲申納音屬木亦其一妙否則申金尅甲不得為佳矣癸雖傷丁有己土制之故雖下野經商所獲仍復不惡未丑冲開財庫亦佳今年甲子木火相生交冬令頗有動機明年乙丑尤好丙寅一年丙奪丁光恐不甚佳丁壬化木仍屬美境且有意外機緣午運祿堂却無取矣

陳錦濤

印辛未 _{財官印}

食甲午 _{官財}

元壬辰 _{刧殺印}

才丙午 _{財官}

胎元乙酉

立命巳宮

初六癸巳

十六壬辰

廿六辛卯

卅六庚寅

四六己丑

五六戊子

濟生此造就表面觀之殊無甚奇特細一尋繹則知爲財官印三奇且在芒種乘盡之候水火旣濟不爲身弱而辰午未午中拱兩巳財貴尤佳所謂見不見之形也庚梟奪食有丙制無妨寅木暗生巳火財貴故亦屬佳境己運正官透出本佳甲己貪合故丁巳流年因事獲遣（巳貴又塡實）現在丑運丑未冲開印庫尙頗不惡今年甲子子午冲刃一喜一憂戊運七煞生扶辛印且戊巳同宮必有機遇子運冲刃全局震動則兩午不能拱巳矣。

梁啟超

官癸酉 財貴人

梟甲寅 比劫生

元丙午 劫刃

官癸巳 食比才

胎元乙巳

立命酉宮

初七　癸丑
十七　壬子
廿七　辛亥
卅七　庚戌
四七　己酉
五七　戊申
六七　丁未

雨水後木旺丙火長生又自坐陽刃得祿于巳其焰甚熾以酉金正財生扶癸水官星所謂旺者洩之是也納音得三水一金而癸酉金在年上則以一金生三水又見不見之形矣丑運三合金局故早達子運沖刃故戊戌之變幾羅不測木火有明故文名藉甚庚運財官兩旺喜其關甲也戌運三合升沈無定然庚戌辛亥前後二十年若僅就子不常理推之則亥運沖祿戌運火庫皆屬不佳而事實上不然戌運惟丁巳此外並無何等不佳之現象丙辰年護國功成丁巳年且出莞度支償其夙願蓋庚戌辛亥納音皆金方以彙聚耳己未四十七交入己運傷官見官一蹶不振今年甲子又沖起陽刃宜防不測秋後交酉運則化凶爲吉矣申運三刑當得兵柄兼綰疆符戌與巳同然戊申己酉納音屬土水土尅戰禍兮禍所伏不可不慎丁運己卯六十七歲陽刃倒戈沖動太歲恐終於非命

李思浩

食辛巳　（印日馬）

財壬辰　劫財庫

元己亥　劫殺財庫

　　　　官財歲馬

劫戊辰　劫殺財庫

胎元癸未

立命申宮

初十辛卯

二十庚寅

三十己丑

四十戊子

五十丁亥

六十丙戌

穀雨後土旺食神生財。兩庫夾日而壬水正財又得祿於亥。一望而知爲財政總長之造惜辛金食神自坐死地是其一病戊運劫財庚申流年食傷爭權故被通緝明年交子運己土得貴父辛食長生之鄉貴人乘財必可再起丙寅流年丙辛化水正官坐祿財權兩旺微嫌寅巳一刑恐有刑尅耳戊辰四十八尤佳丁壬化木己亥冲馬皆瑕瑜互見之運丙辛化水。戌辰冲庫此十年極佳老來蔗境惟戊未戌土生旺太過庚寅一年恐歸道山。

王克敏

才丙子 刦刃

比壬辰 三合 刦殺

元壬申 三合 殺 比 長生

傷乙巳 合 殺 才 貴人

胎元癸未

立命未宮

初一癸巳
十一甲午
廿一乙未
卅一丙申
四一丁酉
五一戊戌
六一己亥

地支申子辰會成水局。巳申又六合化水。變弱為旺。喜上丙火偏財得根於乙以洩其秀氣三十一至四十一丙申丁十五年皆屬佳運申運梟神因有丙財蓋頭故亦不惡且辰土七殺以申為長生也辛酉四十六交入西運身殺兩敗故有中法實業銀行之挫折壬戌冲開財庫稍好癸亥流年冲動巳財又笑度支今年甲子木火相生偏財得黨春夏極佳惟五月十一月子午逢冲必有風波。而丙寅五十一歲天冲地尅。在脫酉交戌之間為生死關頭。若能倖免戊運七殺制比存財辰運冲戌財殺顯透此十年內較前尤佳己運傷官見官却無取矣。凡推斷八字不宜參加政治眼光或私人情感愚向抱此旨茲於叔魯之造亦然合併聲明。觀瀑附識。

五十六

張　弧

比　乙亥
劫印

比　乙酉
殺

元　乙亥
劫印

比　乙酉
殺

立命酉宮

胎元丙子

初二甲申

十二癸未

廿二壬午

卅二辛巳

四二庚辰

五二己卯

天元一氣。八字純陰。地支中拱三戌正財所謂見不見之形也。納音三水二火。水火既濟。尤屬佳象惜酉亥爲乙木死絕之鄉。天覆而地不載生平多風波端由於此巳運暗生戌財庚運正官背佳惟巳亥冲印乙卯流年卯酉又冲。故幾獲蹉跌辰運暗冲財庫最美。故兩次出山。壬戌塡實當然不妙。今年甲子。乙木貴人八月後尚有佳音巳運爭財防大限丁卯己巳兩年尤忌。

王家襄

官壬申 官財

財庚戌 比才魁星

元丁未 刑卩比食

食己酉 才蔭辰文昌貴人生

胎元辛丑

立命酉宮

財旺生官洩氣太過。八字缺木弁納音而無之。非未戌比肩。則丁火之生機幾乎息矣。寅運正印生扶丁火日元補其不足。故兩任參議院議長乙庚化金非其所喜卯酉冲貴卯與戌合化而為火貪合忘冲。今年甲子正印透出。秋冬或有佳遇。明年乙丑又劣。丙雖奪丁然尅制庚金病神丁卯戊辰兩年世佳。惜其受制於壬亦未盡美辛未五十九交入辰運辰戌冲開火庫大展懷抱。丁運五年尤佳富有組閣之望巳運辛巳年壽終。

初五　辛亥
十五　壬子
廿五　癸丑
卅五　甲寅
四五　乙卯
五五　丙辰
六五　丁巳

潘復

傷癸未　財
　　　庫
　　　印官
　　　貴人

傷癸亥　才
　　　官印食

元庚午　官印

梟戊寅　殺才
　　　卩

胎元甲寅

立命辰宮

金寒水冷洩氣太過。午官未印柱中所喜申運祿堂且末有戌土可以去水漸露頭角已運正印尅盡癸水又印綬生身宜其財權兩旺矣現在未初乙木用事三合財鄉印化爲財本非所喜幸能生官明年乙丑六月以後交足未中己土丑未冲而益顯秋冬必佳丙寅流年尤美戊辰交戌運兩戌兩癸天作之合最爲得意午運印綬官星同時得祿必屬佳運丁雖正官兩癸傷之辛巳流年急流勇退。

初六壬戌

十六辛酉

廿六庚申

卅六己未

四六戊午

五六丁巳

許世英

梟癸酉 殺

殺辛酉 殺

元乙丑 才殺卩

殺辛巳 財才官

胎元壬子

立命寅宮

初一庚申

十一己未

廿一戊午

卅一丁巳

四一丙辰

五一乙卯

六一甲寅

八字純陰。四柱皆煞所喜乙木陰柔不畏多金尅制否則殆矣。丙運合煞屢列閣席一縮疆符亦固其所辰運墓庫故瑕瑜互見而丁巳一年因巳中庚金又助七煞故因事去官壬戌丙辰冲開火庫又任皖長癸亥冲焉宜有駁雜現在乙運中比肩扶身必可再起明年乙丑尤佳丙寅合煞丁卯得祿此兩年尤屬稱意戊辰五十六兼權財篆或以交長代撳惟己巳一年頗有不虞之毀急流勇退庚午又佳辛未乙丑天冲地尅泰極而否卯酉冲提但二酉不冲卯此五年再沉再起一喜一憂甲寅十年皆佳癸運梟神瑕瑜互見七十五交丑七煞入墓恐歸道山。(八字納音三金二木戰尅太過故生平得意之後每有風波)

曾毓儁

殺乙亥　財官
才癸未　比殺刃
元己亥　官財
食辛未　印比殺刃

胎元甲戌
立命寅宮

十一　壬午
廿一　辛巳
卅一　庚辰
四一　己卯
五一　戊寅
六一　丁丑

支神亥未棠聚中拱申酉戌。八字又全屬陰氣偏枯巳極。再值庚辛。當然不佳,辰運甚美以

其挈身又屬陽也。巳雖幫身因係陰干。故於得意中。仍多精神上苦痛卯木與亥未三合煞

局尅制巳土雖大暑後土旺。似不畏尅制而四柱缺火水木勢盛益之以辛金透干洩氣則

變旺為弱煞局既成其何能勝必待明年乙丑五十一歲小暑後交入戌運戌癸化火生扶

日元戊又陽干補其不足此五年方極順利。丙寅丁卯戊辰己巳一派火土尤美不可言戌

辰五十四財權甚旺兼權兩篆為生平第一佳運壬申五十八歲運相戰大限止此。

或以丁運亦佳宜無恙者抑知丁係梟神且與己同類陰不生陰不得為佳而已土

又死於寅其未能倖免斷然無疑

王邨隆

才癸亥　官財
驛馬

傷庚申　財刘刃
貴人

元己巳　刘印官
驛馬

印丙寅　刘印官

立命午宮

胎元辛亥

十一己未

廿一戊午

卅一丁巳

四一丙辰

五一乙卯

六一甲寅

八字年月日時。近在兩旬內。所謂君臣慶會也。四孟全備。故致鉅富。柱中傷官乘旺。歲財尤強。則洩氣太過。應以時上丙火正印爲用。丙運制庚。以印去傷。故漸入佳境。辰運財庫又幫助己土日元乙木七煞生扶丙印。故前後十年積貲數百萬。卯木七煞與正官相混。值庚申流年。傷官洩氣。故被通緝。壬戌下半年。戌土助己。故脫險。甲運傷官見官。且癸亥已巳天冲地尅。余前爲祝三推演。即勸其是年勿水行。乃卒以渡海至日本。遂及於難。命之不可倖免如此。

朱啟鈐

剋壬申 剋印官

巳辛亥 亻剋

元癸酉 巳

財丙辰 剋官比

胎元壬寅

立命寅宮

納晉二土三金土金相生。亦美格也。八字缺木僅亥中一甲。秀氣所鍾以水木傷官論行甲
寅乙卯運立致貴顯交丙正財壬水剋之洪憲之變遂遭通緝現在辰運非其所喜丁運合
壬化木有意外機遇六十一巳運巳亥冲提破了傷官防大限。
此造金水重叠日元極旺故一見甲乙木洩氣即佳而命宮胎元補其不足尤爲佳象。

初六壬子

十六癸丑

廿六甲寅

卅六乙卯

四六丙辰

五六丁巳

葉恭綽

印辛巳 才貴人
印

官己亥 食比
殺 沖 比劫

元壬戌 殺印財庫
沖

食甲辰 劫殺
沖

胎元庚寅

立命丑宮

胎元庚寅

立命丑宮

初七戊戌

十七丁酉

廿七丙申

卅七乙未

四七甲午

五七癸巳

胎元八字各居一旬。身旺任財亥中甲木食神透干本為富貴福壽之徵惜巳亥沖破長生。雖亦顯達恐難悠久。丙申十年最佳。乙運傷官與食爭混。故多騣雜而運末值壬戌伏吟流年。遂被通緝現在未運刑開財庫瑕瑜互見明年乙丑辰戌丑未四庫沖開。若非大吉則有奇禍丙寅一年。寅亥合祿甚佳且甲木食神得祿尤美甲運己巳年貪合忘官大非所宜午癸十年極好巳運壽終。

吳毓麟

財庚午 比祿

食己丑 才殺庫

元丁卯 印

傷戊申 才官驛馬

立命申宮

胎元庚辰

初五庚寅

十五辛卯

廿五壬辰

卅五癸巳

四五甲午

五五乙未

六五丙申

大寒後土旺應取火土真傷官用祿格蓋卯木梟神不足用也八字缺水傷官傷盡自癸運
起戊癸化火漸入佳境四十五至五十五甲午十年印祿俱透宦其扶搖直上今年臘月交
入乙運乙庚化金子午冲祿略宜審慎未運合祿六十一歲庚午流年必可再起財權兩旺。
辛未尤佳癸酉雖屬天冲地尅在未運之末丁火當事而戊癸又六合化火反仇爲恩惟丙
運奪丁急流勇退壽至七旬。

田文烈

印 戊午 卩殺貴人
食 癸亥 財卩馬
元 辛酉 比祿
刦 庚寅 印官財

立命卯宮
胎元甲寅

初六甲子
十六乙丑
廿六丙寅
卅六丁卯
四六戊辰
五六己巳
六六庚午

金多水旺。用金水真傷官佩印甚明。以午火七煞生扶印綬。故戊辰己巳二十年財官兩旺。淺者以為金水傷官喜行丙丁。不知金水傷官喜官者。自其八字之本體言之。若運限則弱者仍須遇印。強者仍須遇財也。此造與吾鄉濤園世丈相似。惟沈造保戊午癸亥辛未癸巳。傷官尤旺。且不透比刦。日元較弱。然庚運必不得免。則二者相同田造恐丁卯七十歲必歸道山。

印乙酉 財貴人

財辛巳 比祿 才

元丙子 官

殺壬辰 官食印

胎元壬申 官食印

立命未宮

初六庚辰

十六己卯

廿六戊寅

卅六丁丑

四六丙子

五六乙亥

此造原作卯時。與事實不符。蓋卯時變旺為弱。行戊運洩氣。然衆愚在戊運中即已得意。故改從辰時辰時雖亦以變旺為弱論戊土食神可以制煞也且徵辰時何以長司法衆愚於法學初非所長又向未嘗入法界殆命數寶使之然丙火得祿於巳似屬身旺奈巳酉會金子辰會水辛財破印七殺透干其變旺為弱固彰明較著寅運長生亦屬佳境現在丁運丁壬合刃化煞為權令年甲子尤大吉之象木火相生也惟今年雖佳一切舉措宜留餘地因明年乙丑交入丑運三合金局生扶壬水七煞洩氣尅身大有虎尾春冰之懼此五年亟須退守丙丑交脫之間值庚午流年庚午丙子天冲地尅過此以往丙子乙十五年一派坦途財官兩旺矣。

張志潭

財甲申　印才刼

才乙亥　財才驛馬

元辛巳　印官刼

印戊子　食長生　文昌

立命巳宮

胎元丙寅

胎元丙寅

印戊子　食長生　文昌

元辛巳　印官刼

才乙亥　財才驛馬

財甲申　印才刼

初四丙子

十四丁丑

廿四戊寅

卅四己卯

四四庚辰

五四辛巳

兩旬包裹四孟俱全。以正格論之。水木乘旺洩氣得時上戊土正印爲福寅運戊土長生之鄉。與巳申三刑。故外除己甲化土生扶日元。故扶搖直上位至交長壬戌流年交入卯運會財洩氣又爲辛金絶地。雖竭蹙底之智終於心勞日拙明年乙丑亥子丑彙成水局洩氣太過。恐有風波丙寅四十三尤劣冲動四孟也。庚辛却好辰運三合亦不利。

齊耀珊

孫乙丑　印　官貴人

印癸未　t財　剋貴人

元甲子　印

比甲子　印

胎元甲戌

立命戌宮

初六壬午

十六辛巳

廿六庚辰

卅六己卯

四六戊寅

五六丁丑

六六丙子

甲木參天生於炎夏。巳成棟梁取丑中辛官爲用。藉以生扶癸水印綬寅運祿堂卯運陽刄。故皆屬佳境戊癸合印。巳財破印故皆有駁雜丁運受制於癸。且洩氣亦不爲佳明年交丑運中値寅卯流年尙佳庚午合孫。非其所喜丙運平平子午冲剋太過丙子流年七十二歲。恐於大限有礙。

七十一

羅文幹

食己丑　食 才庫

傷戊辰　殺 比 勾陳

元丁巳　才 劫財

財庚戌　才 比 魁罡

初三丁卯

十三丙寅

廿三乙丑

卅三甲子

四三癸亥

五三壬戌

立命卯宮

胎元己未

四柱缺水傷官傷盡辰中乙木清明後進氣又戊辰納音屬木印綬暗藏見而不見且梟神化印尤屬可貴辰戌冲開時墓故少年成名乙丑十年皆佳甲運正印以木去土病藥相劑惜庚金臨支遙欲關甲壬戌流年與戊辰冲尅太過宜有囹圄之困癸亥天冲地尅喜戊與癸合化火故得宣告無罪今年甲子兩甲制戊當屬吉象乙丑刑開火庫亦佳亥壬十年大有起伏。

姚震

財乙酉 刦刃

煞丙戌 刦官刃

元庚申 刃比食祿

孙辛巳 比刃殺長生

胎元丁丑

立命丑宫

初九乙酉

十九甲申

廿九癸未

卅九壬午

四九辛巳

五九庚辰

次之此造煞刃相資。一望而知其掌兵刑重任宜爲大理院長矣。地支申酉戌時干透刃身旺巳極丙火七煞得根於乙。得祿於巳。以尅制比刦全局所託未運中己土正印生扶庚金失之過剛庚申流年又患其所忌故獲無妄之災。未運末丁火用事壬戌流年又刑開火庫。故脫險現在壬運壬水食神生財不以制煞論今年甲子似有佳象惟乙丑流年瑕瑜互見。丙寅雖屬天冲地尅極佳戌辰交午運辰戌冲開火庫權位尤隆辛運癸酉年四十九歲。陽刃倒戈。防有不測。

章炳麟

官戊辰　比官食

食乙丑　比殺印

元癸卯　食　最貴文生人昌

印庚申　印官刦

胎元丙辰

立命申宮

初八丙寅
十八丁卯
廿八戊辰
卅八己巳
四八庚午
五八辛未
六八壬申

太炎此造食神得祿。又透出天干當以天廚食神論徵嫌時上庚金印綬遙欲合乙。且四柱無財食神得祿。故享文名有官無財。故多坎坷而納音兩金兩木互相尅戰。尤敷奇之徵蓋冬月木嫩不勝金尅也巳運貴人乘財故財官尚旺間亦被命籌邊使國史館長又當道頗有餽遺庚運正印午運偏財皆時雨時晴之象今年甲子歲運相戰必有動機否則疾厄辛金梟神奪食大劣。未壬申十五年尙不惡此造乙木食神得祿或可長壽奈戊土雖透柱無丙丁巳午戌未。一生不能掌政權爲一憾耳。

章士釗

梟辛巳 官財貴人

梟辛卯 食貴人

元癸丑 殺比刃

食乙卯 食文貴長昌貴人生

胎元壬午

立命亥宮

初五庚寅
十五己丑
廿五戊子
卅五丁亥
四五丙戌
五五乙酉

八字純陰。地支聚貴。而卯丑丑卯暗拱兩寅。卯巳拱辰所謂龍吟虎嘯格。亦見不見之形也。

子運癸水日元得祿。一鳴驚人。丁運偏財尅去梟神皆屬佳境。亥巳冲動驛馬本佳惜卯亥彙木制煞太過。明年乙丑交入丙運去梟存食丙寅流年四十六歲。必可入閣非外交則教育當無疑義。二丙二辛化水尅身丙辛主威權宜可一展懷抱矣。庚午流年正印生癸尤屬佳象。戊丑刑庫瑕瑜互見癸酉一年善自珍衛乙運甚劣戊寅五十八防大限。

胡適

才　辛卯　日

財　庚子　煞

元　丁丑　煞才庫

比　丁未　比刃

胎元辛卯

立命戌宮

初四　己亥

十四　戊戌

廿四　丁酉

卅四　丙申

四四　乙未

五四　甲午

煞旺身弱非時上比肩何以自存立命戌宮戌為文庫得丑未刑開故文名藉甚子丑卯彙
聚中虛寅木正印所謂虛一待用亦見不見之形也廿四交丁運三丁並透宜享盛名酉運
長生又有丁字蓋頭故仍屬佳境今年甲子甲木印綬生扶丁火益進一境惟丙運丙寅年。
三十六歲二丙奪丁有日中見斗之象善自珍攝申運暗冲寅印己巳庚午兩年大佳惟乙
運四十四乙庚化金恐身弱不能勝耳未運冲丑甲運正印此十年却係佳運。

張繼

比 壬午　官財

煞 戊申　刃 驛馬　冲

元 壬寅　殺 刃 食　文昌

比 壬寅　殺 刃 食　文昌

胎元己亥

立命未宮

初四己酉

十四庚戌

廿四辛亥

卅四壬子

四四癸丑

五四甲寅

驛馬重冲。七煞獨透生於秋令日主亦旺惟寅木食神制煞。爲申金梟神所尅故亥運合寅。當選參議院議長。壬運比肩亦復不惡子午冲刃故未稱意明年乙丑癸戌合煞必有動機。丑運壬申年極劣兩申冲破兩寅食神則七煞太旺恐有性命之憂甲運制煞且寅食透出尤佳此五年大展懷抱寅運若無恙乙卯十年極佳。

褚輔成

才癸酉 <small>金</small> <small>文昌</small>
<small>梟生</small>

梟丁巳 <small>刼印</small> <small>イ</small>

元己卯 <small>煞</small>

官甲戌 <small>合</small>
<small>刼卩食</small>

胎元戊申

立命丑宮

初八丙辰

十八乙卯

廿八甲寅

卅八癸丑

四八壬子

五八辛亥

慧僧八字極難推究。余詳加審度。始決其變旺為弱。蓋己酉與丑宮三合金局。生扶癸水。丁火己失其傚力。卯戌合處逢沖。亦不能化火則卯中乙木戌中辛金又屬洩氣故癸運壬運皆瑕瑜互見丑運亦然丑末己土尙屬安適其變旺為弱可見明年交子運己土遇貴此中必有佳遇權位甚隆丙寅一年應之丁卯又劣蓋卯子酉刑冲太過火土絕在卯己土本身又絕於子山戌辰冲開火庫却佳己巳亦不惡辛運癸酉年。天冲地尅非其所喜

譚延闓

殺己卯　食

才丁丑　印刃　貴長文　人生昌

元癸丑　殺比印文　貴長文　人生昌

食乙卯　食

立命子宮

胎元戊辰

初八丙子
十八乙亥
廿八甲戌
卅八癸酉
四八壬申
五八辛未

八字純陰命宮得祿己土七殺雖旺有乙木制之不足爲害然癸水日元究非強者故亥運

成名甲己合煞丑戌刑出癸水比肩辛亥壬子流年極佳癸丑下半年又見一殺且歲君伏

吟故下野丙辰三十八歲交入癸運比肩扶身庚申流年印綬顯露故兩次督湘酉運臬神

尅制卯木故庚申臘月將次交脫便生肘腋之變去年癸亥流年雖佳尚在酉運官未能得

志今年甲子較有進步明年乙丑吉凶互見四十八交足壬運又入佳境庚午五十二最佳

申運五年生平懷抱可以大展而辛未壬申癸酉甲戌乙亥流年尤好風雲際會非偶然也

（此五年較前皆佳）辛運急流勇退未運冲丑亦非全美庚運極妙不忌生旺午運壽終

段芝貴

官己巳　印　卯貴人　殺

食甲戌　殺財印庫

元壬辰　沖刃財殺

梟庚子　刃及

胎元乙丑

立命午宮

初七癸酉

十七壬申

廿七辛未

卅七庚午

四七己巳

五七戊辰

六七丁卯

八字胎元納音五行俱足亦見不見之形也。惟霜降後土旺壬水日元甚弱四柱中無印庚

金梟神陽不生陽官以從殺論惜子辰半會微有水意從殺不清故生平遭際時有風波庚

運梟神得黨丁未年獲讀午運沖去子水病神己土助煞故屢擁節旄財權兩旺庚申年交

巳巳初又有庚金梟神直皖之役當然失敗。壬戌壬辰沖開土庫故遇特赦發還財產蓋壬

戌年己在巳中丙火也癸亥流年與己巳歲運相戰冲動驛馬瑕瑜互見明年交戌運七殺。

又入佳境丙寅丁卯戊辰己巳四年皆佳戌辰六十歲尤佳甲戌一年與戌辰又係歲運相

戰。壬申一年三合水局皆有風波丁壬合化壬水日元庚辰七十二歲恐歸道山。

龍濟光

刃丁卯 印

比丙午 (劫)刃

元丙子 冲 官

殺壬辰 官(印

胎元丁酉

立命午宮

初七乙巳
十七甲辰
廿七癸卯
卅七壬寅
四七辛丑
五七庚子
六七己亥

八字缺金而胎元正財坐貴補其不足且四柱納音三水一火生於夏令有水火既濟之妙。

又所謂兒不見之形矣殺刃相資宜膺專闡惟少多煞淺故辛運生煞財權兩旺戊午流年

交入丑運子丑先合而子午冲之陽刃倒戈故一敗塗地庚運偏財若以生煞論似可再起。

惟丙辛可以化水雖二丙亦化而庚財透出有比劫爭奪之嫌今年甲子甲庚一冲子午再

冲大有動機化凶爲吉此造與明宰相夏言相似子運生吉後凶於癸酉一年兒其凶兆蓋

子爲七煞旺地固佳而子午冲尅太過且癸酉丁卯又冲尅太歲癸水正官與煞爭權恐死

於非命。

王占元

刃辛酉 刃

比庚寅 殺才卩

元庚子 イ

殺丙子 ：

胎元辛巳

立命寅宮

初六己丑

十六戊子

廿六丁亥

卅六丙戌

四六乙酉

五六甲申

六六癸未

庚逢寅而遇丙主旺無危即此造之謂也刃煞相資故膺專閫八字缺土以寅中戊土梟印

為用庚寅庚子中拱丑貴尤為得力酉運陽刃摰身甲木生煞十年佳境辛酉交申運寅申

冲提冲祿冲用故一敗塗地明年乙丑貴人填實防有不測丙寅尤劣蓋兩寅冲申全局震

動則子寅不能拱丑矣(二寅不冲申之說非是)。

朱慶瀾

印甲戌 比 オ イ

比丁卯 巳 比

元丁卯 巳

殺癸卯 巳

胎元戊午

立命亥宮

初九戊辰

十九己巳

廿九庚午

卅九辛未

四九壬申

五九癸酉

八字與胎元四火一金鍛鍊太過比肩透干正偏印疊見身旺煞淺庚金正財鬭去甲印卅九歲後漸露頭角辛運偏財亦佳故壬子至丁巳屢膺巨闥丁巳流年交入未運未初乙木用事官其下野矣此造妙處在四柱缺金三卯暗冲酉金財貴亦兒不見之形也壬戌流年交入壬運官殺爭權較未爲愈仍非其至者必待丁卯五十四歲交申運後驛馬乘財以旺金尅制乙木梟神尤屬大吉五十四歲夏令即有動機財權兩旺戊辰冲戌己巳合甲強台直上庚午五十七辛未五十八爲生平最得意之秋壬申五十九交入癸運以殺去比比去而財存別開生面亦佳境也酉運己卯年財貴填實四卯冲之防有不測

吳光新

尅壬午 <small>才</small>　　　　初九丁未

財丙午 <small>殺才</small>　　　十九戊申

元癸未 <small>才殺食</small>　　廿九己酉

比癸亥 <small>尅才</small>　　　卅九庚戌

胎元丁酉　　　　　四九辛亥

立命子宮　　　　　五九壬子

此造原作子時。庚運必佳。乃反不如酉。且幾罹不測。余改為亥時。亥子之間。最易錯誤也。亥

時係用未土獨殺而以兩午破卯亥未邀卯。邀合卯貴酉運暗冲卯貴且七殺得其長生。故

佳。庚印受制於丙。故不佳。戌未刑開火庫。且暗合卯貴惜殺星太旺。泰極而否。

張作相

比　辛巳　印官刦
比　辛卯　才
元　辛丑　卩比食
比　辛卯　才

立命亥宮
胎元壬午

初二　庚寅
十二　己丑
廿二　戊子
卅二　丁亥
四二　丙戌
五二　乙酉

天元一氣。八字純陰。而地支又夾拱寅辰。所謂龍虎夾貴格。亦見不見之形也。現在丙運正官。尚非其至者。丁卯四十七交入戌運。丑戌刑開金庫。大為得意戊辰四十八。辰戌又冲權位益隆。己巳庚午益臻佳境辛未辛丑。財庫冲開雖係返吟。常以佳運論壬申五十二交入乙運衆比爭財急流勇退西運填實尤忠所忌蓋此造妙處除上述理由外以二卯暗冲酉祿以巳丑暗邀西祿尤為特點故不宜值酉運也。

趙恒惕

食庚辰 <small>比財官陳</small>

比戊子 <small>財三合</small>

元戊子 <small>財</small>

食庚申 <small>比文昌食長生</small>

胎元己卯

立命申宫

初五己丑
十五庚寅
廿五辛卯
卅五壬辰
四五癸巳
五五甲午
六五乙未

八字缺火用支中申子辰暗冲寅午戌印綬可稱冲印格現在辰末水庫。仍屬佳境癸運正財似亦不惡矣。而柱中戊庚兩見暗合癸乙財官。又可稱暗合財官格癸運填實患其所恃。乙丑流年尤劣宜急流勇退。否則丙寅四十七歲必有橫禍。

陳燗明

煞丁丑 _{印比食}

食癸丑 _{印比食}

元辛卯 才

食癸巳 _{才官馬} _印

胎元甲辰

立命亥宮

初三壬子

十三辛亥

廿三庚戌

卅三己酉

四三戊申

五三丁未

卯巳拱辰。丑卯拱寅。是為龍虎拱貴。又納音兩木兩水所謂水繞花堤亦奇格也。小寒後水旺。四見癸水食神。制煞太過。故行戊己運。以土尅水則丁火七煞方能得力。今年甲子仍在戌運戊癸化火。甲木正財又生丁火七煞或可再起。惟明秋交申申運合巳化成水局明年乙丑巳丑半會金局。金水相生非其所喜又恐失敗。

陳宦

剋庚午　殺貴人

梟己卯　

元辛亥　財イ

傷壬辰　食甲才

立命戌宮

胎元庚午

初七庚辰

十七辛巳

廿七壬午

卅七癸未

四七甲申

五七乙酉

歲支獨煞時支正印煞印相生以亥卯辰之旺財復見壬水傷官生之不免洩氣癸雖食神。

有己土剋制未雖會財反去生煞故癸運任二十鎮統制未運由次長出膺專閫位至川督。

四十七交入甲運甲庚戰剋明財遇剋官其下野幸甲己化土稍解現在申運甲子流年三

合水局冲動七煞若非際會風雲則有奇禍乙酉十年隨遇而安。

陸　錦

傷庚辰　剋財殺庫
比己丑　比食才
元己酉　食文生昌
殺乙亥　財官

立命辰宮
胎元庚辰

初五庚寅
十五辛卯
廿五壬辰
卅五癸巳
四五甲午
五五乙未

大寒後己土正屬得令時上七殺受制太過故壬辰癸十五年財旺生殺（辰為乙木冠帶
之鄉亦佳）巳火合處逢沖仍以正印論惟亥財破印今年甲子官殺又相混雜急流勇退。
然以余推之己亥沖馬恐不能退且有外除之象先泰後否於冬令應之。（外除之期當在
四十兩月。）
辰土財庫。故前清末葉曾署布政。命理之驗有如此者。

蔡成勳

印壬申 財印官 貴人

官庚戌 財貴殺

元乙卯 比祿

比乙酉 殺 冲

胎元辛丑

立命酉宮

　　　　　初二辛亥

　　　　　十二壬子

　　　　　廿二癸丑

　　　　　卅二甲寅

　　　　　四二乙卯

　　　　　五二丙辰

兩金兩水。生於秋令。得兩間之秀氣。故兼權文武以子平常理推之。乙卯專祿比肩相�30日

元尚不弱惟申酉戌會局化官爲煞洩氣太過而壬水印綬又足以化煞生身入字頗佳行

乙卯十年皆佳現在丙火制庚。而壬水尅之。先吉後凶。

李厚基

梟庚午 官財

官己卯 傷文昌

元壬寅 三合 殺十食

梟庚戌 殺財印庫

胎元庚午

立命辰宮

初十庚辰

二十辛巳

三十壬午

四十癸未

五十甲申

六十乙酉

土金相生。元武當權皆所謂見不見之形。惟四柱洩氣太過究嫌身弱。以戌中辛印爲用寅午卯合之。是其所忌。故癸運挈身雖佳。尚不逮未運刑戌。刑出辛金也甲巳貪合忘官宜其去職申寅沖馬當有動機。乙運傷官見官。壬申流年。動必有悔。

孫傳芳

傷乙酉　甲沐浴　合丁
梟庚辰　刻煞
元壬寅　煞丁食文馬昌
官己酉　甲

胎元辛未

立命辰宮

初五己卯
十五戊寅
廿五丁丑
卅五丙子
四五乙亥
五五甲戌

清明十日後。值水得令印綬三見。自旺無疑。蓋進神所係極有力量也。如寒露十日。丁火亦旺。可與己午未月同論反之。己午未月土為進神則火已退氣。不得以旺推之此造既係戊申時。蓋辰中七煞透出天干而寅申馬尤足證明其為疆帥丙丁去梟且財能生煞故皆佳境壯土為戊煞貴人之鄉亦吉然丁係陰火不過漸露頭角丙火制庚則更有力矣己未三十五歲強台直土戊年冲開敠庫廩上游總司令癸亥合敠化火生之故調任閩督今年甲子上半年木火相生間接助煞宜其勝利然五月庚午與甲子太歲冲動陽刃天下事正未可知日今年交入子運申子辰三合水局以急流勇退為宜否則丁卯流年卯酉冲印寅卯辰又會成水局戊土敗於卯必有不測之禍即以酉時論今年甲己貪合忘官亦不見佳丁卯年冲去己酉官星尤劣。

徐紹楨

<table>
<tr><td>少辛酉</td><td>刦刃</td><td>初九癸巳</td></tr>
<tr><td>才甲午</td><td>官印</td><td>十九壬辰</td></tr>
<tr><td>元庚戌</td><td>印官刦魁罡</td><td>廿九辛卯</td></tr>
<tr><td>比庚辰</td><td>財官甲</td><td>卅九庚寅</td></tr>
<tr><td>胎元乙酉</td><td></td><td>四九己丑</td></tr>
<tr><td>立命午宮</td><td></td><td>五九戊子</td></tr>
</table>

魁罡挾刃官掌兵柄。己運印綬但合去甲財故官旺財衰丑運賣人因係墓庫故吉凶互見。戊運雖屬梟神。以甲戌庚會成三奇之局。故出任粤長子午冲官丁卯流年卯酉冲刃似非所喜若以納音論之辛酉石榴木受制於金日三金一木尅制太過故行戊子己丑火運去金皆屬佳境。惟子午冲丑戌刑。小有瑕疵準此以推丁亥運土金相生亦不足取也。

韓國鈞

刃丁巳　比食財

官癸卯　印

元丙辰　印官食

官癸巳　食比財

胎元甲午

立命酉宮

初八壬寅
十八辛丑
廿八庚子
卅八己亥
四八戊戌
五八丁酉
六八丙申
七八乙未

地支連茹命宮坐貴亦見不見之形也。八字缺金而酉宮補其不足。所以為貴戌運沖開官庫。酉運財實皆屬佳境。現交丙運比肩。非其所喜今年甲子。子午暗沖胎元五月十一月恐有所失。巳巳七十三申運偏財。財官兩旺。壬申一年兩申兩巳財馬合祿。有意外佳遇乙運生旺七十八九防大限。

孫發緒

印乙亥　印貴人

殺壬午　刧刃

元丙午　刧刃

才庚寅　食比印長生

立命酉宮

胎元癸酉

初三辛巳

十三庚辰

廿三己卯

卅三戊寅

四三丁丑

五三丙子

六三乙亥

純齋此造身強殺淺比刧太旺財輕且露非行天干財運以生殺或地支官煞運以去比刧。食傷運以生財洩氣不可故寅末辰土出任山西省長丁運合煞官其不佳現交丑中辛金。逢甲子流年子午冲刧去比存財必有動機秋冬皆佳乙丑流年一喜一憂。丙寅五十二泰極而否內運急流勇退子運極佳不以冲少論乙運生旺老來所憎。

黃郢

才庚辰 官食印

傷己卯 印

元丙申 食殺才文昌

食戊戌 食財刦

胎元庚午

立命辰宮

初九庚辰

十九辛巳

廿九壬午

卅九癸未

四九甲申

五九乙酉

六九丙戌

四柱土金過多變旺爲弱取卯木獨印爲用戊癸化火官膺閣席未戌刑開火庫除未中已

土外皆佳甲申十年瑕瑜互見乙運正印透出天干此五年中大展懷抱權位極隆酉運有

乙字蓋頭亦遍丙運極佳老來蔗境戌去冲辰忌神益振防大限。

湯薌銘

枭 癸未　才比

煞 辛酉　煞

元 乙亥　刦印

食 丁亥　刦印

胎元壬子

立命申宮

初八庚申

十八己未

廿八戊午

卅八丁巳

四八丙辰

五八乙卯

余於辛酉秋仲。曾爲疇新推演斷其丁巳十年皆佳。乃丁運僅屢膺虛榮。不能攬實權蓋癸水尅制太過也。(兩亥助癸) 巳運沖亥而乙丑流年三合煞局動必有凶必須丁卯戊辰。方可進取而丁卯秋令尤有佳遇權位甚隆因巳中庚丙戊。初交庚未佳入丙即妙庚午四十八交足丙運丙辛合煞無論如何。必有風雲際會此五年生平最爲得意之秋。辰運暗沖酉亥申虛拱之戌。財氣極旺乙運亦佳卯酉沖煞却無取矣。(巳運沖尅太過恐尚未盡美。丙運則稱意必矣)

李鼎新

傷壬戌 印殺比

財甲辰 食印才　冲

元辛亥 才財

財甲午 印殺　　人

胎元乙未

立命子宮

　　　　　初四乙巳

　　　　　十四丙午

　　　　　廿四丁未

　　　　　卅四戊申

　　　　　四四己酉

　　　　　五四庚戌

　　　　　六四辛亥

穀雨後土旺，本屬身強。惟四柱水木太多。變旺為弱。故自四十九酉運起。皆屬佳境。戌運冲開火庫殺印相生。故出任海長。今年在戌末子午冲殺。應有駁雜子月應之辛亥十年尚佳。亥運財氣尤旺壬運亦美子運冲去午火七煞防大限。蓋此造全靠午火七殺為用也。

廖仲愷

梟戊寅　才印殺日馬

煞丙辰　才印財

元庚申　比食祿歲馬　三刑　印

刃辛巳　印殺比長生

胎元丁未

立命申宮

初九丁巳

十九戊午

廿九己未

卅九庚申

四九辛酉

五九壬戌

庚申專祿煞刃雙透辰中獨財得令。（清明十日內）滴天髓所謂元機暗藏是也。未中乙木中壬水皆掌財權申運且一任粵長蓋八字缺水失之偏枯乙木獨財比刦太多故乙財壬食悉屬佳境癸亥年四孟全冲幾罹不測辛運陽刃倒戈丙寅流年天冲地尅死於非命斷然無疑。

許崇智

傷丁亥 印
比 辰
生

煞庚戌 才 官

元甲子 印

煞庚午 沖
財 官

胎元辛丑

立命子宮

初七己酉

十七戊申

廿七丁未

卅七丙午

四七乙巳

五七甲辰

身煞兩停納音土金相生尤佳申運七煞生扶印綬故早握兵柄丁運洩氣故亡命海外未戌刑開甲木庫地又爲貴人故屢立戰功而庚申辛酉流年最妙蓋煞印相生也現在丙運制煞太過甲子乙丑或尚可免丙寅四十歲三合火局洩氣制煞必不獲保矣。

田中玉

才　庚午　仳刼

刃　丁亥　印貴人

元　丙辰　宫会印日德

印　乙未　墓会印

立命亥宫

胎元戊寅

初八戊子

十八己丑

廿八庚寅

卅八辛卯

四八壬辰

五八癸巳

納音四土一金。八字各出一旬。亦奇格也。丙火絶於亥得印以挈身。弱而不弱。寅運長生寅亥合煞三十三歲後漸露頭角。丙辛化水反來生木。所謂仇變爲恩。（辛財尅乙印）故亦不惡。卯運三合木局生扶丙火。強旺直上四十八壬運丁壬眞六合化木生火。且係合卯。故贋闖奇。（丁火挈身合化本不佳乃丁壬化木匪寇婚媾仍屬佳象）壬戌交辰運辰戌冲開火庫故尚稱意癸亥流年癸水傷丁。壬戌運殺墓中宜其下野矣。今年甲子甲子庚午。戰尅太歲陽尕飛起恐有風波。宜靜守乙丑丙寅兩年印綬長生當可再起惟丁卯五十八歲癸丁相戰又宜急流勇退否則有禍。

屈映光

殺癸未 卩
比 食刃

梟乙卯 卩

元丁巳 イ刧財

印甲辰 殺イ卩

立命戌宮

胎元丙午

初三甲寅

十三癸丑

廿三壬子

卅三辛亥

四三庚戌

五三己酉

地支卯辰巳未。盧拱午祿。八字胎元納音。五行俱足。亦奇格也。子運暗冲冲動午祿。故一鳴驚人乙卯三十三歲。小寒後交辛運未及牟年。即以洪憲帝制失敗。隨之下野亥運與卯未。三合木局生扶午火暗祿今年甲子子午又暗冲。必有動機惟辛亥丁巳天冲地尅乙丑八月。恐有不測庚運正財。非其所喜戌未刑開火庫己土食神制殺此十年却係佳境酉卯冲提。全局震動大限止此。

張敬堯

殺辛巳 財 (官
　　　　驛
　　　　馬

食丁酉 殺

元乙卯 比祿

才己卯 比祿

胎元戊子

立命巳宮

初五丙申

十五乙未

廿五甲午

卅五癸巳

四五壬辰

五五辛卯

乙木陰柔雖秋生得兩祿不弱惟辛金七殺太旺喜丁食制之三十歲後午運長生又丁火食神兒祿必屬佳運癸丁相戰有己土制癸返仇為恩故屢立戰功位至湘督庚申流年交入巳運巳初有金藏運皆殺宜其不振辛酉尤劣明年四十五交入壬運丁壬化木化凶而吉八月後必有動機丙寅丁卯。四十六七父握重柄戊辰己巳兩年亦佳庚午交辰初乙木。五十一兩年財權兩旺壬申五十二急流勇退否則癸酉一年有凶。

何豐林

刦癸酉 印

財丁巳 印
殺
才
貴
人

元壬午 官
財

財丁未 財
官
才

胎元戊申

立命辰宮

初九丙辰

十九乙卯

廿九甲寅

卅九癸丑

四九壬子

五九辛亥

入水巽而見金繼善篇所謂絕而不絕也巳午未尅制酉印太過故自癸運起癸水制丁漸露頭角丑運三合金局又沖開印庫故累擢至護軍使壬運比肩亦佳惟甲子流年子午沖刃一喜一憂明年乙丑甚佳丙寅交入子運急流勇退否則有不測之禍。

江朝宗

傷辛酉 傷

傷辛丑 劫財

元戊寅 比印殺

傷辛酉 印

胎元壬辰

立命午宮

初八庚子

十八己亥

廿八戊戌

卅八丁酉

四八丙申

五八乙未

納音二木二土。以胎元一水流之。亦見不見之形也若以子平正格論之八字中傷官太旺。大寒後土雖當王而洩氣如此。變旺爲弱又不待言寅木七煞受制太過又其一病運行丙丁印綬當然大吉酉申因得丙丁之餘蔭合於神峯蓋頭之說故亦不惡乙木傷官見官故一交乙運便即下野然竟得無恙可謂大幸現在未運丑未冲開金庫今年甲子子午冲破命宮午火正印。有虎尾春水之患蓋此造全靠午火正印。坐於命宮祇要午字不受損害皆可苟全此非淺者所知矣。

倪嗣冲

殺戊辰 剋殺

食甲寅 殺才食　文驛昌馬

元壬戌 殺財印　庫

比壬寅 殺財食　文驛昌馬

胎元乙巳

立命丑宮

初十乙卯

二十丙辰

三十丁巳

四十戊午

五十己未

六十庚申

八字純殺並無一官混之。所以為貴而三木制殺嫌其太過戊運助殺午運三合財局又係生殺故四十至五十行戊午十年財權兩旺己土正官與戊殺爭混故先吉後凶己未流年。又見一官宜得廢疾矣庚申梟神辛酉印綬皆非所喜蓋此造亦以從殺論也。（四柱無印）現在未運中仍係正官惟中藏木火故不至死明年秋後交入未末之己土又值乙丑流年。乙丑己未歲運相傷食傷官煞爭混不已必無幸矣。

劉冠雄

財辛酉 財 貴人

梟甲午 比 刧 刃

元丙戌 食 刧 財

傷己亥 殺 印 祿 馬

立命子宮

胎元乙酉

初二癸巳

十二壬辰

廿二辛卯

卅二庚寅

四二己丑

五二戊子

六二丁亥

此造原係子時。余以子午冲祿。且七煞冲去根本不佳必爲亥時之誤蓋亥時獨煞午爲丙刃。刃煞相資而亥水驛馬得用。故歴任海長戌土食神生財子雖冲扐財貴長生之郷。故前後兩次出山現在丁運陽刃倒戈甲子流年動必有悔。

彭允彞

才戊寅 才食比尅

梟壬戌 才七官

元甲子 印

食丙寅 才食比尅

胎元癸丑

立命己宮

初十癸亥
二十甲子
三十乙丑
四十丙寅
五十丁卯
六十戊辰

五行納音金木水火土俱足。且八字純陽戌子子寅暗拱亥丑天門貴人皆所謂見不見之
形也寅運祿堂壬戌流年。九月後交運而教育總長即從天外飛來。命理可信於此足見癸
亥流年亥字填實故不終其任丁壬化木合去梟神亦復不惡卯運陽刃惜卯戌化火吉凶
互見戊辰財運非其所喜。

附錄

宣統

才丙午 _{官財}

卩庚寅 _{煞才食
文卩}

元壬午 _{官財}

才丙午 _{官財}

胎元辛巳

立命酉宮

初九辛卯

十九壬辰

廿九癸巳

卅九甲午

四九乙未

五九丙申

五行缺土八字純陽。一望而知爲奇格或以官煞不見故爲失國之君不知此造妙處正在
不見官煞蓋未土爲壬水之官星四柱中戊己絕迹然三見午財暗合未官所謂見不見之
形也庚金梟神二丙制之則入字四無倚傍命宮忽値酉金印綬與未土官星遙相策應而
皆在四柱以外若固守舊業必難稱意宜於故土以外別開生面方可大展懷抱有所建樹
辛運印綬塡實卯木洩氣皆非所宜本年甲子十九歲交足壬運比肩幫卦又子午冲開端
門似有一鳴驚人之象（非復辟因此造不利於舊有之事業必革故鼎新乃能有爲）辰運
暗合酉印尤佳廿四歲益進一境癸運陽刃權位甚隆直至五十三未運官星塡實始告壽
終。

陳虁龍

才丁巳　官財印　貴人

食乙巳　官財印　貴人

元癸丑　殺印比

財丙辰　比官食

立命未宮

胎元丙申

　　　　初七甲辰
　　　　十七癸卯
　　　　廿七壬寅
　　　　卅七辛丑
　　　　四七庚子
　　　　五七己亥
　　　　六七戊戌

水歸巽宮胎元得申金正印補其不足。所謂水入巽而見金是也。庚運四十七正印透露子水祿堂。故前後十年強台直上。屢膺疆寄辛亥流年。亥子丑彙成水局冲去巳中庚金印殺。以清室遜國去官之漸。亦前定也。己亥十年隨緣且過。戊癸化火合化日元。戊辰七十二。在戊戌運中歲運相戰。又冲開火庫洩氣太過。恐歸道山。

陳寶琛

官　戊申　官財印　人生長貴

刦　壬戌　官才卩　庫

元　癸巳　官財印　貴人

食　乙卯　食

胎元癸丑

立命辰宮

初七癸亥
十七甲子
廿七乙丑
卅七丙寅
四七丁卯
五七戊辰
六七己巳
七七庚午

聽水師傳八字。原作寅時。然余再三推敲斷定其誤蓋寅時三刑。且時上傷官坐祿決難得子而戊土官星受制於甲干無救濟亦主貧薄皆與事實上不符。又三刑得用威鎮邊疆聽水生平僅一度外除晉撫尚未蒞任旋改內調尤非寅時之證故改從卯時食神坐祿透出時干可以天廚食神論獲大年享盛名屢掌文衡位至保傅皆重在卯時而卯巳中拱辰龍。申戌中拱西鳳又見不見之形所謂攀龍附鳳格非淺者所知辰戌冲庫財官顯露故再起。辰龍壙實故先得病冠現在巳運財貴強台直上丙丁兩運明財遇刦（壬水刦財）干上不見甲木此十年皆不佳故甲申交丙後謫歸故里寅卯木運生扶巳財故罷官後經商台灣大有所獲庚運正印遙欲合乙今年甲子歲運相戰明年乙丑又入佳境直至辛運泉神奪食恐歸道山壽八十六。

鄭孝胥

才庚申　　　食神　文昌　馬

才庚辰　　　食印官

元丙午　　　食　刃　剋

食戊戌　　　食　剋財

胎元辛未

立命寅宮

初二辛巳
十二壬午
廿二癸未
卅二甲申
四二乙酉
五二丙戌
六二丁亥
七二戊子

太夷丈不自知其生時。第謂係傍晚。余詳究其已往之遺際。定爲戌時。蓋戌時冲辰文庫冲
開故享盛名曰。命宮坐寅三合火局尤爲可貴八字與胎元各居一旬又所謂見不見之形。
矣以子平生尅之理斷之財旺身弱用午火日刃蓋無可疑以其文人掌兵柄者亦在此乙
運正印生扶丙火兩庚不能合故任邊防督辦丙戌十年雖值鼎革然實際上頗復不惡現
在丁運陽刃復行陽刃今年甲子子午又冲必有意外非極凶則當至吉明年乙丑大佳亥
運七殺暗合寅木直至七十二此數年中生平最得意之秋七十二戊運急流勇退丙子七
十七虎尾春冰非所敢知矣（庚申爲馬頭帶劍）

康有為

殺戊午 _{財官}

傷乙卯 _{傷貴人}

元壬子 _{劫刃}

卩庚子 _{劫刃}

立命寅宮

胎元丙午

初七丙辰
十七丁巳
廿七戊午
卅七己未
四七庚申
五七辛酉
六七壬戌

水木眞傷官。乘旺洩氣故能享盛名。歲干七殺受制太過。故仕途屢不得志。未運木墓戊戌流年幾及於禍幸戊未一刑得免庚申辛酉前後二十年以金尅木去傷存煞故獲鉅金現在壬運中比肩挈身亦尙不惡惟甲子戊午冲刃冲歲爲可慮耳戊辰七十一歲歲運戰尅。先吉後凶此造乙木傷官得祿四柱並不再見所以奇特蓋秀氣所鍾以獨爲貴也。

人鑑卷上

一百十四

梅蘭芳

印甲午 比祿

印甲戌 才比

元丁酉 才 文昌 貴人 長生

殺癸卯 印 咸池

胎元乙丑

立命辰宮

初七乙亥

十七丙子

廿七丁丑

卅七戊寅

四七己卯

五七庚辰

霜降前丁火得氣午戌彙聚。三印一比。日元旺甚酉金獨財。受制太過故自子運冲去午火。

比肩存財漸享盛名現在丁運有癸水七煞制之仍屬佳境且庚申辛酉壬戌癸亥甲子五

年皆屬金水宜其無往不利矣丑戌刑開財庫財氣尤旺惟丙寅丁卯之交得失互見蓋丑

戌一刑戌中丁火亦顯正與丑中辛金相尅也戌癸化火合去七煞甲戌四十一歲大有玉

樹徂春之感蓋此造納音二火三金而金質殊脆以山頭山下之火尅海中砂中金箔之金。

化爲灰燼矣何能永年惜哉　晚華八字原作寅時余以寅時推勘前運完全不符蓋官

印雙顯出身必不至寒微且不至作梨園弟子也。

琴雪芳

官甲辰 劫才殺
庫

食辛未 印比殺
刃

元己酉 食文昌
長生

劫戊辰 劫才殺
庫

胎元壬戌

立命午宮

初三庚午

十三己巳

廿三戊辰

卅三丁卯

四三丙寅

五三乙丑

四柱缺水官星無根。財星不顯。故為歌裙舞扇之流惟土旺見金食神得祿秀氣藉以發洩。故頗擅傾城之譽。現在巳運巳酉棠金流年甲子財旺生官今年或可從良明年乙丑三合金局。尤佳丙寅交戊丙辛化水正官得祿。此數年皆吉丁丑卅四歲二梟奪食蕙折蘭摧亦可惜也是年即倖免亦必刑夫且病厄。

某女十

食己丑 才煞庫
食己巳 彳刧財
元丁未 食比卩刃
煞癸卯 卩

初二庚午
十二辛未
廿二壬申
卅二癸酉
四二甲戌
五二乙亥

胎元庚申
立命申宮

巳丑半會金局。而不見酉。卯未半會木局。而不見亥。酉爲丁火之偏財。亥爲丁火之正官以

巳丑暗合酉財以卯未暗合亥官財官皆從暗合而得尤神妙不可思議時上七煞故無子。

食神五見則制煞無根。則制煞太過故夫星帷薄不修壬丁作合宜其恣行淫亂申運正財八

字缺金恰補其不足宜其多獲非分之財民國九年庚申交入癸運七煞二煞爭權因姸識

某某爲某司令部所拘固亦其所乙丑三十七歲交換酉運偏財塡實先吉後凶丁卯一年。

卯酉冲癸丁又冲且歲運相戰必以淫死此造八字純陰父格局奇特亦見不見之形故名

噪一時而揮霍至數十萬金所惑男子至十餘人惟歲支自坐財庫四柱表面上亦尚純一

故雖無行猶不失爲良家婦女賴以此耳。

陳炳焜

印戊辰 食印才

食癸亥 財イ

元辛丑 卩比食

梟己亥 財イ

胎元甲寅

立命未宮

舜卿督軍此造極難推究。試一詳繹則知月日時天干得己癸辛爲戊土太歲之貴人以丑遙巳。以兩亥冲巳爲辰土太歲之印綬。八字缺火尤屬合格。故卯運偏財暗生巳印。大爲得意。戊運亦佳與巳同宮也壬戌流年。交入辰運兩辰冲戌。而歲運又天冲地尅故有不測之變。蓋凡此種格局。最忌冲尅耳。

初十甲子

二十乙丑

三十丙寅

四十丁卯

五十戊辰

六十己巳

人鑑卷上

命理撷要

論五行旺弱

五行之氣得天而生。因時而異。易地而不同。等一火也。夏日可畏。而冬日可愛。等一木也寒

帶多枯而溫帶多榮。金遇火則器皿以就。水得土則堤岸以成。惟土在四時皆不失其用。蓋

先有土而後有天地萬物也。故言五行旺弱者。應以土除外歷來關於命理之書。每謂土旺

於四季。舉與春木夏火秋金冬水同論。非知五行之眞也。不寧惟是。即金木水火有得時不

旺失時不弱者。亦有變旺爲弱。變弱爲旺者。若但就春木、夏火、秋金、冬水。斷其旺弱淺矣。譬

諸木春生固旺。在雨水以前則弱。又譬諸水夏生固旺。在夏至以後則旺。此四言獨步所謂

進氣不死退氣不生、是也。前者如林廉孫表伯八字乙卯、戊寅壬子、庚戌。水木假傷官格以

寅卯木棄聚爲福。似春木不畏金制。然一入酉運即不永年。則雨水以前之木淘得時不旺

者矣。（神峯闢謬中此例亦頗謬）後者如林宗孟君（前司法總長。八字丙子、乙未、癸卯、已

未。夏令之水似不宜洩氣然亥運三合木局反以布衣入閣蓋三伏生寒。夏至以後之水固

人鑑卷下

失時不弱者。制煞便佳也。至於變旺為弱者以洩氣為最此譬諸體質強健之人苟琢喪太

過終於戕生而變弱為旺者。則以生扶為祥譬諸文弱之人善自攝生反可獲壽故僅以日

元所值提綱其五行當令與否為日元旺弱之標準不從四柱通盤審度未有能驗者變旺

為弱之造如上卷所列程眾愚八字丙火生於巳月曾雲沛八字己土生於未月皆反喜比

刧而忌財官其明徵也。變弱為旺之造如上卷所列王儒堂八字己土生於申月孫譬遠八

字壬水生於辰月。皆反喜財官而忌比刧。近如王叔魯八字亦壬水生於辰月者且在穀雨

後土旺尅水然地支申子辰三合水局立變為旺尤可資印證（叔魯八字上卷亦已揭載）

抑猶有必須注意者日元所值提綱其支神中若僅藏五行之一種如子卯酉之類則此中

何者當令尚易推知若其他支神則所涵蕃廣應分別推之例如辰中有乙戊癸巳中有庚

丙戊之類清明後十日乙木當王餘日癸水穀雨後方為戊土乘旺之時立夏後七日用庚。

餘日丙火小滿後十日則戊土亦旺非必以辰月全認為土旺巳月全認為火旺此又言五

行旺弱者不可不明辨而深思也其詳當於論支神一篇再為闡發。

論十干變化

十干即甲乙丙丁戊己庚辛壬癸也甲乙屬木丙丁屬火戊己屬土庚辛屬金壬癸屬水盡

人而知矣甲與寅同宮乙與卯辰同宮丙與巳同宮丁與午未同宮戊與丙丁其寄宮

相同庚與申同宮辛與酉戌同宮壬與亥同宮癸與子丑同宮此則未盡知之者然辰之爲

乙必在清明後未之爲丁必在小暑後戊之寄巳必在旺相之月庚之寄申必在處暑之秋

癸之寄丑必在小寒七日以內乃爲適合惟甲丙壬之寄宮則不論其生月何屬故淺者但

知寅亥合不知甲壬亦合也知巳申合不知丙庚亦合也知卯酉冲不知乙辛亦冲也知子

午冲不知丁癸亦冲也若此者在幾微之間不可以不辨故如壬寅戊子丙申辛巳丁亥戊

申六日爲干支自合男命值之易致富貴女命值之多主放蕩屢試不爽可以證實是殆

璚子所謂無合後學難知者乎又如甲申庚寅辛卯己丑四日爲干支自冲無論男女

命值之皆不利其配偶者亦可資參考也八字中本有午戌而缺一寅天干見甲即爲三

則此一甲字化木而爲火矣八字中本有子辰而缺一申天干見庚即爲三合則此一庚字

化金而爲水矣然必所生之月水火旺相且柱中水火之勢盛則聊可舉隅否亦未可以一

概論至於甲己化土乙庚化金丁壬化木丙辛化水戊癸化火在從化格固以化論即在大

運中。其有原來四柱內。土旺者。則甲運見柱中之己。便化爲土。水旺者。則丙運見柱中之辛。

便化爲水。餘可舉隅。苟運喜土水化則善矣。苟非所喜。化則害矣。此外惟眞六合亦化何謂

眞六合戊辰與癸酉丁亥與壬辰同出一旬之類是也。眞六合而更值旺相禍福尤著非旺

相者稍減也乃三丙合一辛而化水三丁合一壬而化木亦間或一見然則爭合妬合皆先

民欺人之說。不足信也甲壬合者例如靳翼靑八字丙子、戊戌甲子辛未行壬運倒食若拘

泥古說。必謂大凶然事實上迺佳位至魯督蓋壬甲合祿也丙辛合者例如孫伯蘭八字壬

申辛亥戊辰甲寅土輕木寒最喜見火乃丙運化水故多坎坷蓋貪財壞印也餘不具贅。

論取用 、

曠觀唐以來關於命理諸書其拘執取用必在月令者。比比皆是有清沈孝瞻之子平眞詮。

有明張楠之神峯闢謬主其說尤力愚以爲月令爲生日得氣深淺之所繫在八字中固極

重要若謂舍月令外皆不得取用則誠膠柱鼓瑟未見其可也愚意取用之道應首審月令。

有無用神固矣果其無之。自當更求其次。凡年日時皆可取用。但論其有氣無氣不當問其

是月。非月。若更爲精密之研究年上干支去日較遠。日支雖近又不足以左右全局皆次要。

者・惟時與月宜等量齊觀進一步言時爲尤要何則年月日爲衆人所同時爲一己所獨。（

天下人年月日相同者者多並生時而同者似較少數）且時日關係密切於爲取用誰日不

宜所惜前此吾人生時。每不甚準確否則除子卯酉外巳時生者若在九點四十分以內應

以庚金當事斷之。十點二十分以內。乃爲丙火十一點以內。乃爲戊土午時生者則十二點

以前爲丁十二點以後爲己餘可類推此外胎元及命宮亦關係切要甚乃八字中別無可

用之神而胎元可用或命宮可用亦所不廢所嫌胎元命宮每不甚準確此則應加注意者。

（例如吾人受胎七八九個月乃至十一個月生者不一古法胎元但以十個月推算命宮

則生時一誤即隨之轉移）用時之例甚夥。如譚文勤八字。壬午甲辰甲子己巳用巳中庚

金七煞楊杏城八字辛酉辛丑丁亥用時上甲木印綬愚及羅隽人君八字。一爲甲午、

戊辰丁酉庚戌。一爲己丑庚戌皆用戊庫中丁火比肩。又李孟魯君八字壬午丙

午甲辰乙丑亦用丑中辛金庫官此外不勝枚舉用胎元或命宮者。如曾文正八字辛未己

亥丙辰己亥用胎元寅木長生江宇澄八字辛酉辛丑戊寅辛酉用命宮午火印綬是也。

論發微

每有八字中無可取用。乃至胎元或命宮。亦無可用之神。此等幾微之處最宜注意蓋此中

往往有奇格所謂見不見之形也。欲發覺此等現象。必於天干與地支相互之間細加揣摩。

或干與干間或支與支之前後左右苟有暗藏或可以遙衝遙合遙隱合者皆

是。但所暗藏之物衝合邀合之物。須為日主所喜者或為財官印綬食神或為貴人祿馬帝

座。方可取賞恐觀古今偉大人物強半屬於此格五行納音亦須兼看子平眞詮不取五行

俱足格然段香岩彭靜仁兩君皆五行俱足納音之有驗如此。又如納音一生三一生四或

一尅三一尅四。或兩木兩水兩金兩土兩火兩金（餘類推）尤耐人尋味其納音純金純

木純火純土純水者又無論矣。上卷所列頗足參考茲更略舉數四於下例如明成祖八字。

庚子辛巳癸酉辛酉柱中缺土以巳酉邀丑以子合丑邀合丑土七煞為貴故為一代英武

之主惟暗藏七煞究為戾氣故以叔篡姪明穆宗八字癸卯辛酉癸卯辛酉柱中亦缺土以

兩卯合戌官以兩酉合辰官暗合官星為貴宋李后八字丙子庚寅壬子壬寅柱中三隱丑、

土官星嚴介溪八字庚子己卯癸卯辛酉庚子年生人以丑為貴人而己癸辛順行月日時、

併作年干之貴。（丑中己癸辛。）故權傾一時此外蘭台妙選所列諸格頗多可考特介於

論支神

支神爲天干所履。舉足輕重談命理者。不可或忽也。玉井奧訣有支神至切一語。頗爲扼要。

就愚經驗上論之。不僅八字中支神應分別得氣深淺。即大運中支神亦宜分別推其吉凶。

譬如己生未月。在小暑十日後反爲木旺癸生辰月。在穀雨三日前反爲水旺庚金生巳月。

而不弱以其値小滿七日內也甲木生寅月而不強以其値雨水十日前也此外壬水生於

立秋七日正屬當壬丁火生於寒露十日亦爲得氣餘可類推（參閱第一篇論五行旺弱）

又大運支神例如午運應以二年半行丁字二年半行巳字申運應以庚壬戊各分一年零

八個月行之此種推算十有九驗關於八字支神者略舉一例如林芷馨八字己卯丁丑壬

寅丙午生於小寒九日正屬辛金印綬得令雖八字缺金行酉運驟膺甘肅省長蓋即滴天

髓所謂元機暗藏也關於大運支神者亦略舉一例如梁衆異八字癸未甲子、丙戌辛卯用

印忌梟故壬運亦不佳戊午冬月交申運扣足一年零八個月。申中庚金己交換庚申六月

後。即轉入壬水七煞生扶梟神果於六月被通緝迨壬戌二月後交脫壬水始於是年八月。

恢復自由。命運支神須一律分別審視如此。

論格局

格局者先天八字關鍵。凡人之富貴壽天貧賤應至何種程度皆於格局可以推知。若大運所係特其一生之否泰得失耳。故格局既成分際已定。精於命理必能知之。惟格局有正格外格之分。正格即財官印綬傷食等格外格即從象化象拱祿拱貴倒冲朝陽井欄义刑合、遙巳合官聚祿夾庫勾陳元武潤下炎上從革趨艮趨乾等格關於正格神峯闢謬所論亦頗有可採者關於外格子平眞詮所論所、子平眞詮所論亦間能盡致者惜皆囿於一孔之見。妄自取舍故所論僅於得半三命通會星平滙海滴天髓淵海子平窮通寶鑑諸書雖其簡明處容不逮神峯眞詮較多精闢名貴之論愚今舉一例以明格局既成分際已定如神峯所載某君八字壬戌壬寅丁卯戌中列於印綬格愚以爲大謬蓋此造爲火土眞傷官用印格其壞處在傷官。見官何者戌中有戌土傷官而壬壓之寅中有戌土傷官而壬又壓之戌申傷官透出而中中復有壬官且得其長生以如是之傷官到處見官且生於雨水前明係戊土乘旺丁火洩氣用印固宜奈八字格局見官太過寅中又冲貪財壞印但觀此八字固早知其必遭橫

禍矣。果以巳運三刑。水土交戰財印相尅受凌逼之刑。然則格局既成分際已定之說不又
彰明較著耶。於此益知所謂傷官見官貪財壞印等等皆自其入字之本體而言。於行運無
與所謂金水傷官喜官食神喜尅財等等亦言其本體。故火土眞傷官忌官而用印者運逢
官煞反致貴顯。乃至傷官生財之造理宜忌官矣。然官煞運亦不惡。如林贊虞尙書八字己
酉、甲戌、丁未、庚戌。行壬癸運是也。金水傷官喜見官八字中以丙丁巳午爲福。若大運則又
須戌巳印綬申酉比尅。沈濤闓中丞八字戌午、癸亥、辛未、癸巳田煥丞總長八字戌子、癸亥、
辛酉、庚寅皆其例也。苟其八字中本無丙丁巳午。則富貴減分凡此又究心命理者所宜加
以體會也。此外關於格局之理論愚所見尙尠容異日續書詳爲闡發。

論六親

愚自研求命理以來。於推斷六親之說。始終有所懷疑。蓋六親之說刑尅爲重。然父母年高。
亦可以刑尅概之耶。兄弟妻子自身運蹇亦可以刑尅概之耶。此皆所未敢知者。姑就其驗
者略述於次年以觀祖基月以觀父母兄弟日支爲妻妾時支爲子女。此談命者所定之通
例也。淺者以爲年尅月傷日刃時刃或煞或墓皆爲六親刑尅之徵。愚則謂凡入字中所値

·之·忌·神·看·在何·處忌·神·見·於·年者當然祖基不佳見於月者當然父母兄弟不利於日支則
損妻妾於時支則損子女此種推定其結果較驗只問其爲忌神與否不問其忌神之種類
如何必以剋傷刃比墓煞槪之反失之拘執推此例以論六親即妻妾不必皆以財斷父母
不必皆以印斷亦第以喜神爲標準例如八字喜印便可認定其妻妾大佳自餘類
推某君八字甲申癸酉戊子丙辰日支坐財且三合財局並無刑沖破害然剋妻至再蓋戊
土身弱財多反忌也陸鳳石相國八字辛丑甲午丁巳庚戌日支坐剋然狀元宰相夫婦齊
眉觀此則愚之理論其得當必矣。

論女命

前人論女命每以官星爲主且其看法與男命歧視喜弱喜淸愚以爲大謬蓋男女八字旣
同一理豈可歧視且實驗上女命未必專看官星未必專喜身弱格淸若舉例以證無慮恆
河沙數今揭其最著者如沈濤園中丞夫人八字戊午癸亥戊申乙卯日主自坐長生年帶
印比可謂有氣矣然必待戊午己未運方能貴顯陳小石宮保夫人八字戊午己未乙巳丙
子傷官乘旺梟神奪食然行甲寅乙卯運大佳謂女命喜弱喜淸則沈造日主固已有氣矣。

一百二十八

一三四

陳造偏枯已極矣。何以榮貴。且陳造若使張楠輩推之。必用巳中庚金官星。而以丙丁火旺制官爲病。然則寅巳一刑。火勢益熾何以安然無事又沈造午申拱未貴亥卯邀未貴陳造納音一水三火生於夏至後。一爲暗藏貴人。一爲水火旣濟是又知女命亦宜兼取外格矣。

近代婦女盛倡獨身主義而歐美再婚之風吾國亦漸有行之者。可見今後推算女命尤須與男命同一看法。例如呂碧城女士八字戊子、乙丑、庚子、己卯。金水輕淸透財以洩其秀氣。雖四柱無官獨身而已。然在社會上頗有聞望其一生境遇亦殊順遂惟婦女再嫁者尙不多見容蒐集之以實吾書又前人推算女命以貞淫爲重其實貞淫係生理上問題初與道德無關。且前人判別貞淫之法亦多未準。如貴衆合多桃花、紅豔等說皆失之附會惟官煞混雜者食傷過旺者水泛火炎者金剛木盛者日主干支自合者皆不免富於性慾第一例，如某總長女公子八字丙申、壬辰、乙巳、乙酉第二例。如某君夫人八字壬辰、乙巳、庚申、丙子、巳金湘娥八字丙申、庚子、癸卯、丙辰皆水泛而土少某女公子八字乙巳、癸未、丁卯、丙午、某

〔人鑑卷上所列某女士八字亦此例也〕第三例。如名妓雲蘭閣八字庚子、庚辰、壬申、乙

總長夫人八字甲午、丙寅、丙午、戊戌。皆火炎而水少第四例。如某女士八字庚寅、乙酉、庚戌、

癸未則金剛而火少名妓花彩珍入字戊戌、甲寅、甲寅、己巳。則木盛而金少第五例。如甲午、

丙寅戊子甲寅丙申辛卯丁亥壬寅則日主干支自合蓋官煞混雜則是誘我者寡日主既

柔將不勝衆人之嬲矣食傷過旺則是我去生彼豈非以身從人妾自琢喪平此外干支自

合者情感必富五行偏枯者血氣太旺凡此者欲其不富於性慾豈可得哉。又余觀男女八

字凡遇丙子日生者皆名外遇蓋丙爲老陽子爲少陰有陰陽交媾之象丁亥日圭亦復略

同蓋丁爲極陰之火而亥爲純陽之水也然則此種現象根於先天之造化而來與人類同

其終始無所謂貞淫謂之富於性慾可也至於女命孤寡之造愚意今後世風丕變此類入

字亦必漸減姑就經驗上所得聊舉數例以備一格。（一）官煞太輕者（二）八字偏枯、

或極寒者（三）無官煞者（四）官煞眞空者（五）原有傷官見官者第一例如庚午戊

寅乙未己卯行子運尅夫第二例如壬午丁未庚戌戊寅則失之偏枯癸亥乙丑甲申乙亥

則失之極寒前者火重金輕後者水泛木浮第三例如己卯乙亥甲寅丁卯財輕而比刦重

無官煞以去此刦是也又如乙未己卯庚辰庚辰水火兩空既無官煞以生印又無食傷以

生財可謂五行乖戾之氣亦其例也第四例如庚子甲申乙亥丙子生值乙亥旬內申金官

星。落於空亡。然秋令金旺。尚非眞空。愚恐其人必再、嫁另一八字庚子、甲申己巳、乙亥甲己

旣合官留煞。而乙木七煞。又坐亥水空亡之鄉且秋木眞空故早寡。（眞空得用者貴而早

寡）第五例。如乙酉、辛巳、戊子、壬子獨官透干受制於辛毫無救濟者是也又凡女命生於

冬令多水無火者不論其日主爲何非孤寡則婢媼之命斷然無疑附陳任先都護夫人八

字癸未癸亥己卯丁卯土寒而得木火以暖之殷鑄夫次長夫人八字丁亥丙午庚午戊寅。

火旺而得亥水以蘇之前者行丙寅丁卯運後者行戊申己酉運皆極順遂女命喜弱喜淸

之說。觀此又不攻自破。

論彙合刑冲破害

彙者申酉戌、亥子丑、巳午未、寅卯辰之類合者。寅午戌、申子辰、巳酉丑、亥卯未、之類刑者寅

巳申子丑戌未辰午酉亥之類冲者辰戌、丑未子午卯酉、之類破者。卯午午酉、

子未卯辰之類害者酉戌丑午、之類又六合爲寅亥卯戌子丑午未前人談命者或重

視三合而於六合則忽之或重視彙合。而於刑冲則輕之或以衝爲主而不言刑害與破其

說不一前者有（貪合忘冲）之說後者有（支神只以冲爲重）之說愚則謂彙合刑冲

破害蓋同一重要惟自刑之力較爲薄弱且彙合吉矣會吉神而化凶則否刑冲凶矣去凶

神而從吉則非先合而後冲者謂之合處逢冲以冲爲重先冲而後合者謂之冲中逢合以

合爲憑墓庫宜察其幾微破害要審夫旺弱尤有最可注意者無論彙合刑冲破害應先認

準誰爲主體所謂主體即大運之干支是也譬諸大運在庚而八字有甲乃庚去冲甲若入

字有丙。方爲丙來尅庚。大運在辰而八字有戌。乃辰去冲戌。而大運在戌方爲

戌去冲辰其於刑害彙合也亦然皆以大運之干支爲主至此中彙合刑冲破害執強執弱

何去何從則須視大運之干支與八字之干支在提綱中誰爲得令在四柱中誰爲得黨也

滴天髓有一抝要之語頗可與吾說互相印證即所謂（旺者冲衰衰者破衰神冲旺旺者

發）是也子平眞詮於墓庫刑冲之說大肆詆諆可謂知二五而不知一十夫一見墓庫便

求刑冲固失之食古不化必謂墓庫以土爲主冲則土動亦非探本之談何則（進氣不死。

退氣不生與夫節氣存有餘之數混處求分）此二語皆包括墓庫而言非僅限於子午卯

西寅申巳亥也今舉一例吾友游羽霄八字辛卯、庚子、壬辰、戊申行戌運丙辰流年患疝氣

而死年甫二十有六蓋其八字提綱中水旺四柱中水尤得黨故戌去冲辰而水愈泛溢坏

土不足以塞孟津反以助成橫流之勢也亡兄潤南八字辛巳丁酉己未庚午巳午未彙成
火鄉丁火透干行癸運而卒蓋其八字火旺故癸去沖丁而火益烈杯水車薪反為所滅也
又如吾母八字庚申辛巳辛酉庚寅行丑運而先君見背庚子流年一病不起蓋其八字財
輕刦重喜巳官以去比刦丑與巳酉三合金局又助比刦之勢所謂會吉神而化凶也袁海
觀督部八字丁未丙午戊子戊午行子運沖去午孫周玉山宮保八字丁酉壬子丁酉壬寅
行午運沖去子煞一則子財洩氣一則午祿帮身皆位至開府所謂去凶神而從吉也又八
字中吉神坐庫本無刑沖者逢沖必發其有凶神入墓本無刑沖者逢沖必凶前者如家夷
俶三叔八字癸亥甲寅丙辰丁酉用正官格癸水為官星行戌運沖辰沖開水庫位至方伯。
後者如許孟泉姊壻八字庚辰癸未辛亥壬辰未中獨殺衆水制之已嫌其弱矣乃運行丙
戌沖開水庫病遂不起又合處逢沖者如蔣百器八字壬午庚戌壬寅庚子寅午戌三合火
局而子沖之沖中逢合者如張公權八字己丑乙亥癸巳庚申巳亥沖破胎印綬而申合
之蔣造忌財故財冲而遇刃沖反吉張造喜印故財冲而遇印合尤佳觀此則合處逢沖以
沖為重冲中逢合以合為憑不尤彰明較著耶要之彙合刑冲破害變化萬端難以執一神

而明之存乎其人愚所闡發特其大略耳餘待續書再詳。

論富貴貧賤壽夭

抑愚於前篇不嘗云乎格局既成分際已定蓋其人八字排就一生之富貴貧賤壽夭可以

思過半矣試舉其概要凡八字得見不見之形者上格也病重有藥者次之病藥兩稱者又

次之五行過於停勻者爲下大抵八字中吉神用神受傷太過雖富貴不久濁中有清危中

有救雖貧賤不長局全者壽（納音亦然）食神無破者壽旺氣所聚者亦壽用損者夭（吉

神僅一見即受損害亦然）偏枯無救者夭秀氣太微而行運不足以濟之者亦夭第一例

如黃克強八字甲戌甲戌甲寅丙戌寅木專祿而干頭三比分之支中三官損之故寅運不

壽湯濟武八字甲戌乙亥戊子癸亥戊土日主陰寒已極僅戌中丁火正印有暖意又深

藏庫中亥子亥之水環而攻之故庚運遇刺且黃湯二公雖握政柄爲期甚暫第二例如張

紹軒八字甲寅丙子庚申壬午似極駁雜矣而納音二木二水天干甲丙庚壬互食濁中

有清王子春八字辛酉庚寅庚子丙子獨財生煞以去比刧亦其例也周玉山八字丁酉壬

子丁酉壬寅以極寒之火忽得一寅木印綬便成溫煦王燮石八字庚寅丁亥乙巳丁丑以

極寒之木。忽得兩丁火食神。便見陽和皆危中有救又如閻百川督軍八字。癸未、辛酉、乙丑、

丁丑四柱中七煞太旺時干一丁制煞有力。亦其例也第三例如伍秩庸八字。壬寅丁未己

卯、乙亥地支木局全柯鳳孫先生八字庚戌庚辰壬寅庚戌。納音金局全皆是第四例如李

星野省長八字丙午戊戌甲戌辛未丙火食神無破陳弢菴師傅八字戊申壬戌癸巳乙卯。

乙木食神無破皆是第五例如李文忠八字癸未甲寅乙亥己卯曲直成格旺氣所聚某名

儒八字壬辰辛亥壬辰辛亥印祿相生亦旺氣所聚凡此者皆壽徵也。第六例如裕小純姊

堉八字己卯丁丑癸丑辛酉卯木食神制煞而酉丑會局冲之地支無火以制金故二十九

歲丁未流年行戌運刑丑遂不獲免第七例加衣姪女李孔瑢八字丙午辛寅庚寅丙

火身旺雖有庚辛金洩氣而四柱無土以生金且木多水絕庚辛金坐於絕地偏枯無救故

十四歲己未流年行寅運梟神終於早世第八例如游羽雪八字辛卯、庚子、壬辰、戊申雖有

卯木秀氣而失之太微且絡其身行運無寅卯林亮奇八字丁亥己酉戊子癸丑金水洩氣

太過僅一丁火秀氣又坐於亥子丑之上自絕其氣故游止二十六歲林止三十歲此外宋

雅官八字丙戌丁亥辛亥四柱缺木丁火過弱以丙刦為用坐於墓絕之上壬運尅丙。

止三十一歲黃光弼八字丙戌、丁酉、庚寅、丁丑身煞兩旺而四柱不見食傷行辛運陽刃倒

戈。止三十四歲劉子厚八字己丑庚午丙辰己丑土多埋金行丙運庚金用神受傷無救止

三十歲。此外若朱介人督部八字癸未乙丑壬戌庚子丑戌未煞旺以一乙木制之而被合

於庚。故雖早致富貴再行辛運即不獲免亦止三十有五凡此者皆天象也。至於年壽在四

十以外者可云無壽未得爲天茲概不列入。

八字起例

凡排一八字由年起月。由月起日。由日起時。此循序不易之法也譬諸王幼山君八字係五

十三歲九月二十六日酉時先查五十三歲係何年即知爲丁卯年應以丁卯二字列於第

一次序再由丁卯起月。由年起月以寅爲首其例如下甲己之年正月起丙寅二月丁卯周而

復始(十一月又爲丙子也)乙庚年正月起戊寅丙辛年庚寅丁壬年壬寅戊癸年甲寅皆

周而復始。正月以下遞推可也於是知壬申年九月爲庚戌。再以庚戌二字安於丁卯之次,

再由庚戌起日。此則須查歷書九月二十六日係何干支即知爲丁未又以丁未二字安於

庚戌之次最後爲由日起時以子爲首其例如下甲己日起甲子乙庚起丙子丙辛起戊子

丁壬起庚子戊癸起壬子亦周而復始（戊時與子時干頭相同）於是知丁未日酉時係己

西便成壬申庚戌丁未己酉八字矣此係舉例餘可類推但有生於十一月作爲十二月算者生於九月作爲八月算者則因已交十二月節或尙未交九月節故一則應算十二月干支一則仍以八月干支推算也例如辛未年十一月二十六日巳時生因二十六日巳交小寒則八字應爲辛未辛酉庚辰戊寅餘月類推可也此外立春在年內者雖係第一方交寒露則八字應爲癸未辛酉庚辰戊寅餘月類推可也又如癸未年九月初三日寅時生因初九日子時交一則仍以八月干支推算也例如辛未年十一月二十六日巳時生因二十六日巳時生因二十六日巳

年生人應作次年算如壬天木八字壬午壬寅丁亥庚戌然壬係辛巳十二月二十九日戌時生又如楊杏城八字辛酉辛丑丁亥甲辰然楊係壬戌正月初四日辰時生至於閏月亦以節候爲標準如伍梯雲八字丁亥閏四月二十五日酉時生其八字爲丁亥丙午壬子己西而非丁亥乙巳壬子己酉餘亦類推。

大運起例

推定命數以八字爲體以大運爲用而大運否泰所係尤足以補八字所不足其起例由日主數至本月節候三日爲一歲不足者亦以一歲算畸零者則以兩歲但由日主數至節候。

如僅四日應作一歲上運其畸零之一日即可從略。如係五日應作兩歲上運其畸零之二

日即以三日算以此類推七日者係兩歲上運八日則三歲矣今分別大運起例於左。

（一）陽男起運順數例如。

張亞農八字甲戌年正月初六日辰時是月二十九日驚蟄由初六順數至二十九凡二十

四日應作八歲算甲戌年生人係屬陽男故其大運起例如下。

比甲戌	才才官	初八丁卯
食丙寅	才食比 鼓	十八戊辰
元甲辰	印才刻	廿八己巳
才戊辰	印才刻	卅八庚午
胎元丁巳		四八辛未
立命亥宮		五八壬申

（二）陰男起運逆數例如。

陳向園八字癸巳年十月初三日巳時前月廿九日立冬由初三逆數至廿九凡四日應作

一歲算癸巳年生人係屬陰男故其大運起例如下。

食癸巳　印官封

食癸亥　財丨

元辛亥　財丨

食癸巳　官印刦

胎元甲寅

立命丑宮

初一壬戌

十一辛酉

廿一庚申

卅一己未

四一戊午

五六丁巳

（三）陰女起運順數例如。

長女應順八字丁巳年十一月廿七日辰時次月廿三日立春由廿七順數至廿三凡二十

七日應作九歲算丁巳年生人係屬陰女故其大運起例如下。

刃丁巳　<small>才
比食</small>　　　　　　　初九甲寅

官癸丑　<small>イ財官庫</small>　　　　　十九乙卯

元丙辰　<small>官食印</small>　　　　　廿九丙辰

煞壬辰　<small>官食印</small>　　　　　卅九丁巳

胎元甲辰　　　　　　　四九戊午

立命子宮　　　　　　　五九己未

　此造應取邀合財貴格亦見不見之形也四柱缺金方爲合格不以官煞混雜論。

（四）陽女起運逆數例如。

唐少川夫人八字。壬辰年六月廿三日辰時。是月十四日小暑。由廿三逆數至十四凡十日。

應作三歲算壬辰年生人係屬陽女。故其大運起例如下。

財壬辰 <small>刧財殺庫</small> 　　初三丙午

卩丁未 <small>印比殺 外</small> 　　十三乙巳

元己酉 <small>食文昌 長生</small> 　　廿三甲辰

刧戊辰 <small>刧財庫 殺</small> 　　卅三癸卯

胎元戊戌 　　四三壬寅

立命午宮 　　五三辛丑

小運起例

小運由時起陽男陰女順行。陰男陽女逆行。例如乙亥時。順行一歲即丙子。二歲在丑逆行一歲即甲戌二歲在酉皆周而復始。餘可類推。

胎元起例

胎元起例。由八字中所值月令。順推三位即是。例如丙午月。則其胎元為己酉庚戌月為辛丑餘亦類推可也。惟此法係按十個足月算而吾人誕生以九個足月者居多愚意應由月令。順推四位方合例如丙午月胎元為庚戌。而不取己酉是也。似此推算較為有驗至於不足月。或過月生者果其人自知並準。看是幾個月。隨時可以變更。例如七個足月生者其胎元應由月令順推六位例如丙午月胎元為壬子十一個足月生者其胎元應由月令逆推一位例如丙午月胎元為乙巳、是也果能認準胎生月數則胎元關係極為有力又愚意古今以來年月日時相同而遭際各異者亦復不尠所謂氣候根基及出產地之說皆未足以盡之夫吾人誕生所值年月日時。乃至胎元命宮既皆與祿命有關然則吾人受胎之時實人生入世最初動機其關係寧不重大。且受胎之時斷無相同者即孿生弟兄墜地之時雖

同。同受胎之時。亦必不同果能知受胎之年月日時。演爲先天八字今所流行者演爲後天八字則吉凶禍福瞭若指掌矣。

　　命宮起例

凡起命宮以時爲主以月將爲用例如穀雨後。月將在酉巳時生者，以巳加酉。數至卯字則知卯加於未上即以未爲命宮如係子時以子加酉則知卯加於子上即以子爲命宮所謂逢卯安命是也餘可類推附月將一覽表。

霜降後在卯。　小雪後在寅。　冬至後在丑。
大暑後在午。　處暑後在巳。　秋分後在辰。
穀雨後在酉。　小滿後在申。　夏至後在未。
大寒後在子。　雨水後在亥。　春分後在戌。

　　五行生旺死絕一覽　　（卷首目次誤爲干支二字）

長沐冠臨帝
生浴帶官旺衰病死墓絕胎養

（甲）　亥子丑寅卯辰巳午未申酉戌

（乙）　午巳辰卯寅丑子亥戌酉申未

（丙）　寅卯辰巳午未申酉戌亥子丑

（丁）　酉申未午巳辰卯寅丑子亥戌

（戊）　申酉戌亥子丑寅卯辰巳午未　（一說與丙同）

（巳）　巳午未申酉戌亥子丑寅卯辰

（庚）　子亥戌酉申未午巳辰卯寅丑

（辛）　巳午未申酉戌亥子丑寅卯辰

（壬）　申酉戌亥子丑寅卯辰巳午未

（癸）　卯寅丑子亥戌酉申未午巳辰

五行所值節氣一覽　（卷首目次誤爲干支二字）

（甲）　雨水後十五日。大雪前七日。

（乙）　春分後十五日清明後十日大暑前三日。

（丙）立春後七日，小滿後十五日。

（丁）小暑後十二日，霜降前八日。

（戊）雨水前八日穀雨後、霜降後各十五日。處暑前八日。

（己）夏至前七日大暑後、大寒後各十五日。

（庚）立夏後七日處暑後十五日。

（辛）秋分後十五日。寒露後七日。大寒前八日。

（壬）立秋後七日立冬後十五日冬至後十五日。

（癸）穀雨前五日小雪後八日大雪後十五日。

此外驚蟄後十五日甲乙共之。芒種後八日丙戌共之。小滿前八日亦丙戌共之。白露後十五日庚辛共之又乙木丁火己土辛金癸水。在午、酉子卯月各長生三日。

各種神煞擇要

愚觀前人所箋命書羅列神煞不可更僕而以三命通會為尤。然愚就經驗上觀之似多無驗。今擇取數種。

（一）貴人。

甲戊庚年日。　　以丑未爲貴人。

乙己年日。　　　以申子爲貴人。

丙丁年日。　　　以酉亥爲貴人。

六辛年日。　　　以寅午爲貴人。

壬癸年日。　　　以卯巳爲貴人。

（二）驛馬

寅午戌年日以申爲驛馬。

申子辰年日。　以寅爲驛馬。

亥卯未年日。　以巳爲驛馬。

巳酉丑年日。　以亥爲驛馬。

（三）祿

甲祿在寅。　　乙祿在卯。

乙祿在卯，　　劫在辰。

丙戊祿在巳。　劫在午。

丁己祿在午。　劫在未。

庚祿在申。　　劫在酉。

辛祿在酉。　　劫在戌。

壬祿在亥。　　劫在子。

癸祿在子。　　劫在丑。

（四）咸池。

寅午戌年日。　以卯爲咸池。

申子辰年日。　以酉爲咸池。

亥卯未年日。　以子爲咸池。

巳酉丑年日。　以子爲咸池。

凡寅午戌年日其干上爲丙丁申子辰年日其干上爲壬癸亥卯未年日其干上爲甲

乙巳酉丑年日其干上為庚辛者。方以眞正咸池論。例如丙戌年或丙午日見卯字壬辰年或壬申日見酉字。其影響較鉅否則稍輕取驛馬之法亦同。

又甲辰旬內皆謂之魁星庚戌、庚辰、壬辰、壬戌、四日謂之魁罡。十干祿前一位謂之文昌。此外天赦日十惡大敗日陰錯陽差日孤鸞、紅豔、天月二德。間亦有驗多其八字本有其他凶神或吉神者偶值此煞非必此煞遂能爲人吉凶禍福也。孤鸞之說惟丁巳辛亥日取坐下傷官得祿而官星自絕姜復近理顧何以解於甲寅戊申哉。（甲寅戊申雖亦官絕而食神得祿可以生財）

帝闕帝座之說亦多奇驗附載於左。

生年對冲者謂之帝闕亥爲天門亦爲帝座。

五行納音一覽

甲子、乙丑。　　海中金。

丙寅、丁卯。　　爐中火。

戊辰、己巳。　　大林木。

庚午、辛未。　　路旁土。

甲午、乙未。　　砂中金。

丙申、丁酉。　　山下火。

戊戌、己亥。　　平地木。

庚午、辛未。　路傍土。　　庚子、辛丑。　壁上土。

壬申、癸酉。　劍鋒金。　　壬寅、癸卯。　金箔金。

甲戌、乙亥。　山頭火。　　甲辰、乙巳。　覆燈火。

丙子、丁丑。　澗下水。　　丙午、丁未。　天河水。

戊寅、己卯。　城頭土。　　戊申、己酉。　大驛土。

庚辰、辛巳。　白臘金。　　庚戌、辛亥。　釵釧金。

壬午、癸未。　楊柳木。　　壬子、癸丑。　桑柘木。

甲申、乙酉。　泉中水。　　甲寅、乙卯。　大谿水。

丙戌、丁亥。　屋上土。　　丙辰、丁巳。　砂中土。

戊子、己丑。　霹靂火。　　戊午、己未。　天上火。

庚寅、辛卯。　松栢木。　　庚申、辛酉。　石榴木。

壬辰、癸巳。　長流水。　　壬戌、癸亥。　大海水。

民國十三年八月出版

板權所有

翻印必究

著作者　觀瀑主人

印刷者　京華印書局

北京前門外虎坊橋

發行者　北京復報社

南河沿十二號

寄售者　京滬各書坊

定價每部大洋四元正

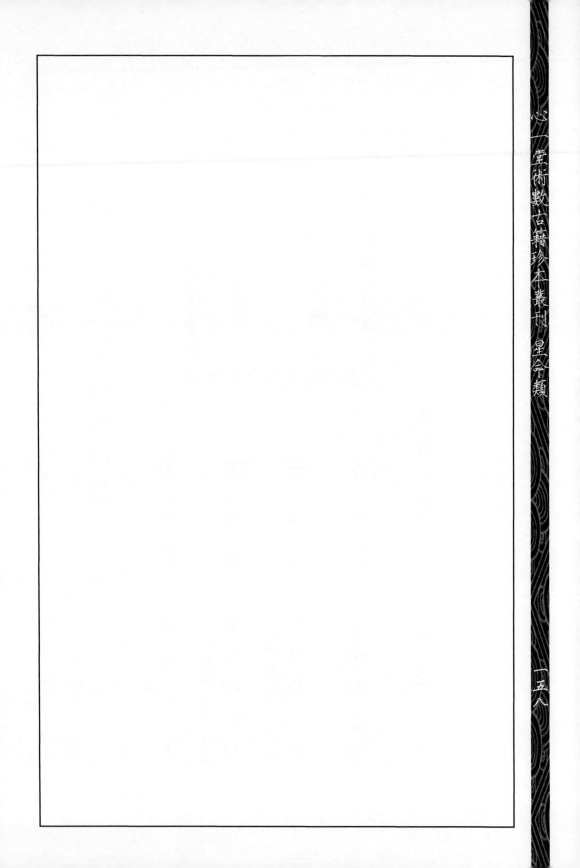

林庚白家傳

亡友庚白殉義九龍後一年又四月，其儷侶北麗女士始來桂林，乞余爲家傳，余弗忍辭。

傳曰：庚白初諱學衡，字浚南，別署衆難，晚乃以庚白行，福建閩侯人也。閩多林氏，而族系不相聯，各以文章事業，軒軒然爭雄於數百里間。少穆盡瘁以後，如暾谷之殉燕市，廣塵、靖庵、意洞之殉廣州，宗孟之殉遼瀋，咸與國運有關。庚白死後，乃爲太平洋戰爭之犧牲者，亦何慚於黃花三傑哉！庚白簪纓奕世，而少失怙恃，獨姊氏撫育之。賦性穎悟，七歲讀書，能爲斷句，負神童之目。八歲游燕都，始入學校。十四歲肄學太學，與同舍生姚錫鈞、汪國垣、王易、周公阜、胡先驌相酬唱，又與錫鈞合刊太學二子集行世。明年辛亥，義師起武昌，冀廷用袁世凱，爲以華制華計；庚白偕同舍生梁漱溟等淛京津同盟會，謀西聯吳祿貞於石莊，東援白雅雨於灤州，而奇才劍客復從中而起，則宛乎可唾手得也。吳白既殞，和議遂成。庚白始南下，復與某鉅公暨亡友陳子範創黃花碧血社於滬上。時彭壽松以同盟會健者專閩政，世凱基之，則起岑春萱鎮撫福建，

以驅彭氏；蓋閩定而後湘粵贛皖可以次第覬覦已。庚白與子範謀，將遣刺客，邀春萱於滬而殛之；會子範製爆裂彈失慎自炸死，遂不果。踰稔而長江戰事作矣。時庚白已被推爲衆議院議員，既失職，浮沈自晦，猶居燕觀變。籌安之役，力言祖龍當以明歲死；蓋假京房郭璞之術，陰以歆動當世，扇揚民氣，其用心至苦。顧卒以是負謗於流俗，迄身後猶騰謗不置，悲夫！張勳復辟，北平方巷戰，砲彈落所居里巷間，幾殆。事定，段祺瑞乃自以爲功，再度解散國會。　國父孫總理即令程璧光率海軍南下廣州，奠護法之基；而庚白方任衆議院秘書長，亦受命盡攜院中樞密文件，間關入粵。國會非常會議於以告成，舉　國父爲軍政府海陸軍大元帥，命劉建藩率師北伐。是役也，論者輒謂庚白之功，不在璧光下云。旋奉　國父命入滇，游說唐繼堯，唐一見傾倒，禮爲上賓。顧形勢牽掣，滇師卒不能盡出；而岑春萱、陸榮廷復勾結議僚中不肖者，謀傾　國父。民國七年戊午五月一日，　國父辭大元帥職，退居七總裁之一。庚白知事未可爲，拂衣走海上，始治歐美社會主義之學，旁逮其文藝。復發篋盡讀中國古詩人之詩，上溯葩經屈騷，下逮曹植、阮籍、陶潛、謝朓、杜甫、韓愈、白居易、李賀、李商隱、韓偓、王安

石、黃庭堅、陳無已、蘇軾、歐陽修、梅聖兪、陸游、楊萬里、劉克莊等十九家，晨夕諷誦，如是者可十稔。迄十七年戊辰，庚白年三十二，而其詩始大成；蓋鎔經鑄史，兼擅魏晉唐宋之長矣。顧未能忘情世事，國民政府奠鼎南都，頗參樞要。倭夷陷遼瀋；旋寇淞滬，國府召開國難會議於洛陽，庚白主戰最力。還都後任立法院立法委員者有年。

二十六年丁丑，討倭軍興。庚白方居滬上，毅然入都門，與當道共患難。著『抗日罪言』若干言，言極剴切，世未能盡用。南都既陷，倉皇走武漢，復刊布小冊子，名曰「國民黨站起來」；所以爲黨國謀者，蓋如是其忠且摯焉。居渝都數載，未有所展希，而詩盒邁上。嘗謂：『十年前論今人詩，鄭孝胥第一，余居第二；頃則尙論古今人，余居第一，杜甫第二，孝胥卑卑不足道矣。』又謂：『余勝杜甫，非必以才凌鑠之；蓋余之處境，杜甫所無，時與世皆爲余所獨擅，杜甫不可得而見也。』其自信如此。顧庚白詩自佳，與其論政之文，實爲雙璧；皆足推倒一世智勇，開拓萬古心胸，如陳亮所言者。嘗上書常道，謂今日之局，所慮者爲三無、七害、十二賊，而不可不救之以六事。文長千餘言，惜其稿殘缺不盡傳。世多夸毗小夫，或驚怖其政見，以爲河漢；或又言庚白從政不

得志，乃寄其牢騷於論詩，謂當日笑存之，皆非知庚白者也。卅年十二月一日，自渝乘

飛機赴香島，欲與清流碩望共檢討家國事。時太平洋戰機已逼，蓋亦冒萬險而為之者，

豈復計其個人之安危否耶！抵港甫一週，戰事遂作。是月十二日夜，倭陷九龍，謬傳庚

白為國民黨中央委員，索之甚亟，至以焚巢相恫嚇。庚白方居今巴利道月仙樓友人家，

不欲株累其里鄰，急謀覓室遷避。十九日下午，偕北麗行抵天文臺道中，邂逅倭之巡邏

者，遂被執。倭不識庚白，徒見其出自月仙樓，遂脅誘為嚮導，使覓林某。庚白亦偽為

不知者，與語良久，；倭卽釋之矣，復執以歸。如是者再，庚白脫險亟行，倭舉鎗擬之。

時北麗在後，為他倭所阻，禁不與庚白近。既見事迫，趨向前，則鎗彈已發，洞北麗右

臂復出，中庚白背，遂並仆。倭本無殺人意，見已肇禍，遽逸去。北麗先起，欲引庚白

歸，而力弗勝。庚白促北麗返屋，以人來援。北麗入屋復出，呼同居者與俱。行未數步，

創發不能支，急復歸屋；第乞同居者援庚白。其人已慨諾矣，乃竟背約，棄庚白弗顧。

迫北麗昏瞑三小時復蘇，始更以人覓庚白，則流血過多，已弗可救，而囊金且盡喪云。

嗚呼，黃鳥殲良，百身莫贖；夫己氏之肉，詎足食哉！庚白生中華民國紀元前十五年丁

西舊曆閏三月二十日，歿三十年辛巳國曆十二月十九日，春秋四十有五。遺骸藁葬天文臺道菜園中，倉促求棺木弗得，僅以朱衾殮體，倘馬援所謂大丈夫當以馬革裹尸者歟！遺詩刊布最早者，爲太學二子集，次爲急就集，爲舟車集，今皆不可覓。十七年以後，往來秣陵滬瀆間，有藕絲集、爇餘集，已燬於一二八之役；過江集與空前詞，藏瀏陽黃淑儀許，未得見。二十五年起，爲水上集三卷，爲吞日集八卷，爲角聲集四卷，爲虎尾前後集各一卷，今存。曾輯今詩選，自林文起，至嚴既澄止，得百餘家，稿未完成，僅有什一，別附鄭孝胥、汪兆銘、梁鴻志三逆詩，蓋寓兗鉞之義於詩史者；今擬寫定之爲今詩選殘稿一卷，與麗白樓文賸一卷，詞賸一卷，語體詩賸一卷，詩話二卷，虎穴餘生記一卷，並附水上、吞日、角聲兩集，合爲麗白樓遺集行世。顧今詩選中、自選獨多，其取材又不限於吞日、角聲兩集，則擬輯爲麗白樓自選詩一卷別行云。當港九淪陷時，全稿落倭夷手，幾與車塵馬足同盡；桐城章曼實任俠好義，以奇計出之，始歸趙璧，其功有弗可泯滅者。梓行有日，編纂校訂之役，余與北麗尸之。而臨桂朱生蔭龍，陳生邁多輩，亦踴躍執簡以從。庚白地下有知，庶幾無憾歟？庚白少孤露，以母親女

兄。女兄適同邑許氏，因其以小姑為庚白婦，結褵時庚白年甫十七耳。顧性情頗不相中；民國十八年庚白自居秣陵，暱某女士，遂與許解褵。某女士旋負庚白，庚白旁皇無所歸；如是垂十稔，始與北麗遇。北麗亦閩侯林氏，與庚白非一宗。父亮奇先生，諱昶，更名景行，別字寒碧，丰姿俊美，博學能文，尤嗜吾家子厚詩。初習法政於櫻島，歸國後與桃源宋教仁相友善，嘗辟為僚佐；教仁既遇害，發憤走關外，謂如管幼安之依公孫度也。討袁軍起，始返滬上，主時事新報，新會梁啟超倚之如左右手。一夕，自報社出，詣啟超許，行馬霍路中，為英人克明汽車所轢，死之。時北麗生甫十八日耳。太夫人崇德徐氏，名蘊華，字小淑，別署雙韻，為鑑湖秋俠弟子。其女兄懺慧詞人徐自華，則與鑑湖訂刎頸交，軒亭流血，營冢西泠，遭清御史常徽彈射，幾罹不測，後覯雄女校滬上，為秋俠紀念，與妹氏並稱浙西二徐者是也。北麗濡染家學，秀外慧中，使氣矜才，不可一世，顧獨重庚白。其結褵南都，蓋在二十六年丁丑抗戰軍興後大轟炸中。時庚白春秋已四十一，北麗則間年二十二云。余識庚白，在民元壬子，作介者陳子範暨其邑人林之夏，遂入南社，每共唱酬。亮奇小淑伉儷，則亦南社社友也。民國二十年，余

在滬上，復晤庚白，恆偕安化謝冰瑩女士過余寓廬；則其詩已能開闢戶牖，非復民元時代比矣。三十年島上，僅獲再面，遽成永訣，悲夫！庚白初在渝都，書來每以不能罄衷曲爲恨；謂國家大計，世界形勢，胸中森然俱在，會當抵掌盡言之。南游匆促，猶未傾談，不意廣陵散從此絕也。顧自北麗來桂林，余與從容談論，質以所見，頗不謂謬。蓋余與庚白，政治文學，自信見解略同；所不同者，或其瑣碎處耳。庚白已矣，余猶健在，謂當與北麗左提右挈，戮力中原；則北麗所以慰庚白於九原者，亦庶幾其在是矣。至於料量遺稿，刊布流傳，後死之責，所不敢辭。庚白子女共九人：應震、應頤、應升、應乾、應咸、應庚、許出；應抗、應勝、應同，北麗出。同爲遺腹，蓋庚白殉義後九閱月，始產於香港廣華醫院云。

柳亞子曰：庚白少余十稔，當不自意先余死；香島之役，余亦在籠城中，幸賴友生之力得脫，更不意庚白之遽殉也，悲夫！庚白自渝來港，擬創詩人協會，及著民國史，欲爲中國詩史兩途開一新壁疊，此誠未竟之業；當今之世，舍我其誰，顧與北麗交勉之耳！

庚白的死

「不打倭寇，中國的命運一定就完了。」這是「九一八」以後，庚白非常憂心的話。終於民國二十六年的「七七」，抗日的第一砲在蘆溝橋發了出去，庚白興奮得竟跳了起來；接著，他便撤消了滬寓，搬去南京住，他以爲從此中國便走上了得救的路，也走上了前進的路。他深信住在抗日的中心地──南京──多少可以貢獻一點自己的力量；他平素的抱負，總不至於變成完全的浪費。南京淪陷了，我們倆在淪陷後的第十天，便也狼狽的到達了漢口。他抗日的決心依然很熱烈，對抗戰的前途也依然很樂觀。他日夜不停的寫「抗日罪言」，寫「國民黨站起來」。他深信抗戰的最後勝利，一定屬於我們的。但在艱苦的鬥爭時期，我們千萬不可以光喊「抗戰必勝，建國必成」的口號爲滿足。我們必須先行改進自己，充實自己。

西遷後整整地過了四年，庚白焦心苦慮的結果是什麼呢？十卷的詩──我稱他爲閉

門的吶喊——和半頭的白髮吧了！三十年的歲末，他決定離開陪都，和我們作一次港島的旅行。他想藉這個機會，找旅港的文化人，共同檢討一切。又預備在香港辦一個日報，發表他十數年來的政見。（這件事和南洋華僑某鉅公已有接洽，由這位先生擔任經費。）還想創一個詩人協會和著一部「民國史」；替中國詩史兩途開一新壁壘。誰知道抵港僅七天，太平洋戰事爆發，跟著九龍的淪陷，庚白竟以身殉國了。他在幼年時就愛諸葛孔明，長大了自負是現代的諸葛亮。我在悼亡的今天，想到「出師未捷身先死，長使英雄淚滿襟」的詩句，怎能禁得住無窮的哀痛呢！

庚白和我帶了兩個孩子，在三十年十二月一日，乘峨嵋號飛機離渝，當夜三時到九龍。在雅蘭亭旅邸住了一夜以後，第二天就搬到柯士甸道客來門飯店。八日天亮，忽聽得飛機轟炸的聲音，才知道意外的戰事已經開始了，十一日那天，前線的戰事很緊急；住在飯店裡的人，都恐怕歐兵會佔據客來門，作為他們的司令部。於是我們就答應了淑儀的邀請，搬到今巴利道月仙樓二號，住在她的家裏。誰知十二日夜裏，九龍陷落以後，庚白竟成了敵軍要找尋的目標。因為當時有低能的間諜，向敵軍報告，把庚白誤認作

中國國民黨的中央委員，想居爲奇貨。十七日正午，有四個獸軍軍官，再度來找庚白；幸而他逃避在隔鄰葉秋原夫人的家裏，沒有被碰見。獸兵却見着了我，就對我說：「林委員是躲藏了吧？請你轉告他，趕快到我們司令部去一下，升官發財，要什麼有什麼。用不着骸怕，我們連一點壞意都沒有。因爲在這裏英國人才是我們的仇敵。至於你們中國人，正是我們的好朋友；我們是代你們中國人向英國人收復失地哩。但如果林委員不信任我們，不和我們合作；那麼三天以後，我們只好不客氣了。你們這座房子，怕就保全不了，禁不起我們放火一燒呢！」此時月仙樓的主人——淑儀——過海去了，當然不能回來，也不敢回來。同住的人很多，他們都就心會受影響而貽害他們，於是硬楚歌四面起來。庚白在這種情勢之下，覺得住在那裏，實在是太不合式了。到了十九日的下午，港九隔海對峙的戰事，比較沉寂一些。庚白便從後門出去，想另找避難的所在。可是那幾天，鬼子常在路上戒嚴，我怕他太大意，鬧出亂子來，想阻止他不要出去，他個性很強，又不肯聽我的話；沒有辦法，只好追蹤跟出去。誰知道庚白一出後門口，就碰到五個獸兵，拉住了他，要他引路去找林委員。原來鬼子根本不認識庚白，那天庚白穿了

一件舊棉袍，很像一個鄉下佬，當然鬼子更不能辨認盧山眞面了。但他們看見庚白是從月仙樓二號後門走出來的，所以一定要他引路，還拿了許多鈔票和手錶給他做引路的酬勞費。庚白連連搖頭，表示不曉得什麼叫做林委員。一個獸兵硬拉著他，自天文台道上坡口直趨下坡口站住。而我當時被獸兵阻住，不許跑下來，只好站在上坡口，提心弔膽地窺探。不一會兒，看見一個獸兵，拍拍庚白的肩頭，表示可以放他走了。庚白很從容不迫地，從下坡口走向上坡口來，走不了十幾步，突然一個獸兵搶步趕來，又把庚白扯了下去，盤詰不休。盤詰以後，一個獸兵又踢他一腳，表示叫他走吧。庚白這一次走上來，比上次急一些，想是怕獸兵再拉他回去，但剛到半路，五個獸兵忽然自己爭論起來。一個獸兵竟拿起駁壳槍直對庚白背後瞄準著。我看到時機警迫，也顧不了自己的危險與否，急忙奔下坡去：想設法攔救。說時遲，那時快，子彈已經發出，竟從我的右臂穿過，再打中了庚白的背部。於是我倆跟著槍聲，同時倒地。但我並不知道自己已經受傷，居然還能夠立起來。這時候，獸兵好像知道自己關了亂子似的，已一關逃走了。於是我便喊庚白起來回家，庚白道：「我覺得心臟有些麻木，大概是被石塊碰傷了。一時實

在站不起來，休息一會再走吧。」我認爲逗留在馬路上，太不妥當，便下意識的用左手去拉他起來。庚白擡起身來，見我血淋淋地，半件旗袍都給染紅了，心中一嚇，又倒了下去，叫著我的小名道：「淞！你怎麼還拉我？我沒什麼，你却被打傷了。血流得這麼多，那是會死的呢！趁現在還能夠支撐，趕快回家，請他們找個醫生來止血，我不要緊，歇一刻就回來看你。快回去！淞！」我被他說破後，也就心慌意亂，再沒有力氣可以去拉他起來，只流連在他的身旁叫著：「掙扎吧！白！起來；我和你一塊兒回去。」他見我老不肯先走，突然發怒道：「淞！你不聽我的話嗎？你平時是很有理智的，今天爲什麼這樣的不中用？難道站在這裏，等兩個人一同死去嗎？快回去，叫個工人來扶我。是救你自己，更是救了我！」我也覺得僵立在路上，是不會有好結果的，便急忙跑回月仙樓二號，請了一個同居的人，一塊兒出來。誰知跑到天文臺道的上坡口，已不能支持。便指著庚白睡倒的地方，求他去扶庚白起來；一面自己又跑回二號去，剛進屋子，就昏迷不省人事了。等到醒來後，醫生正在替我打急救針。淑儀的朋友沈，也趕了來幫忙，我連忙問他：「庚白怎麼樣了？」他們都說：庚白受了輕傷，比我輕得多，已送進了

法國醫院，一二星期便可以出院，但因為法國醫院住有獸兵，不收女病人，所以我不能夠同去住在一起。此後我因為發現右臂的骨頭已經打斷了，便進了桂醫生的診所，留著醫治。一次又一次，一人又一人，凡是來看我的朋友，總說庚白的傷勢並不十分輕，但已漸漸好轉，只是醫藥不很好，出院恐得還遲些時候，不過危險是絕對沒有的。於是我也就深信不疑了。哪兒想得到，我昏迷以後，庚白並沒有被救回來。直到我醒後問起：沈才知道，再去找他；此時已在受傷後的第四點鐘，哪兒還有活的希望呢？這樣英才豪氣不可一世的庚白，就冤冤枉枉的斷送了！他是丟了，他永遠不再回來了！他的遺體，沈和幾個朋友，就在天文臺道榮園的一角，草草地藁葬著；連棺木也沒有，沒有人肯去拿大丈夫馬革裹屍」的讖語哩！他的遺稿，被藏匿在淑儀的秘密文件室裏，好容易開了她的一隻文件箱，細細地找尋過。但過江集和空前詞二種，不出來。幸而一個月後，靠著俠義雙全的曼實，他冒著幾度的危險，不顧一切地找了出來。於是託人先帶回曲江，仍交淑儀保管，因為淑儀先已回到曲江來了。這一次我由港回國，先赴曲江，但淑儀為了別種關係，又匆匆地離去了，連一面都見不到。我託了她家庭的保管人，好容易開了她的一隻文件箱，細細地找尋過。但過江集和空前詞二種，不

知道什麼緣故，竟已大索不得了。現在所找到的，只有水上集三卷，吞日集八卷，角聲集四卷，以及麗白樓詩話殘稿一本，今詩選殘稿二本，虎穴餘生記數頁，虎尾前集及虎尾後集各數頁，正在替他整理，以待付印。庚白！你不是曾經說過：你的氣節比軀體更重要，你的詩稿比生命更寶貴嗎？那末，你這一次慷慨捐軀，義聲昭著，也可以說不辜負你平生的期許了；雖然你的才情和你的抱負，還沒有展佈到萬分之一。還有你的詩稿，我居然替你保存了一部份，雖然並非全璧，但總算還不至於全軍覆沒呢。庚白：你還是安心的去吧！要是文字有靈的話，在中國革命史和文學史上，都應該有你底地位，但是我呢？難道除了低吟著最近所作「生死惟餘夢寐親，心憐能結再來因……」兩句殘詩以外，便沒有什麼可以自慰了嗎？為了你，為了我自己，我應該找到我的崗位，負起我的責任來！這樣百年以後，我也可以很光榮的和你握手於地下吧！

　正文已寫完了，但似乎還有幾句話要講：庚白，你知道你這一次在九龍殉國以後，外邊對於你還有許多寃枉的誤會嗎？第一點，是講你迷信算命，為了流年的不利，怕在渝有空襲的危險，所以逃到香港；結果呢？命是算準了，但命也送掉了。這件事，本來

也可以算是你的弱點。你不是常常喜歡給人家算命，並編有「人鑑」和「廣人鑑」兩書

麼？（「人鑑」二十年前付印，現絕版；「廣人鑑」未完成，只有殘稿留著。）這在你

，小一半是癖好所在，大一半怕還另有著韜晦和掩蔽的作用吧。但你這一次離渝赴港的

原因，我在上面不早已講得清清楚楚了嗎？哪兒是為了迷信？哪兒是為了趨避呢？　空

襲在重慶，從五月到八月，才是最嚴重的季節，你去港島，是在十二月初旬，這要算

重慶最安全的時候，哪兒會有逃避空襲的事情呢？低能和白痴都不能相信的話，却居然

有人傳說，有人紀載起來。他們因為你會算命，而笑你為迷信，但又因為你算準了命而

連他們自己也迷信起來；泥古不化者流，更比你為郭璞，那不是對你太開玩笑了嗎？這

是你死後受寃的第一點。第二點呢，說你輕率浮躁，不顧好歹，在戒嚴的地方散步；便

因為不懂敵人唁兵的話，不聽他們的禁止而被他們開槍打死了。更有無聊的人們，還揑

造謠言，講是我在房子裏悶得慌，要出門散步，你却是陪我出去而遭受池魚之殃的呢。

你平生做事不免有些急躁，這個也是事實；但這一次，為了間諜的告密，為了獸兵的窺

伺，更為了同居方面的安全起見，所以毅然冒險出去尋覓別的避難地方，哪兒是悶得發

慌出去散步呢？並且，這時候獸兵四處強拉花姑娘，人心正在恐慌浮動之秋，我又不是三歲小孩，難道眞替自己去找死，更會找了你去陪死嗎？這是你死後受冤的第二點。第三點呢，有人說你既然認自命爲研究國際的專家；自命爲現代的諸葛亮，爲什麼連日本鬼子會掀起太平洋戰爭的決心也看不到，而特地到港島來找死呢？這一點，我也無從替你辯護。因爲你到了港島以後，有人問你，太平洋戰事是否會爆發，你完全肯定的否認，還說出：「日本撒嬌，英美作態。」這八個字來，斷定鬼子不敢動武。不過話還得說回來這一次鬼子掀起太平洋戰爭，對他本身實在是一種切腹的舉動，是瘋狂了才會動手的。鐵腕外交家陳友仁不是也說過嗎？「日本鬼子無論如何何不會動武的，除非他是瘋狂了。」瘋狂的人還可以講到利害嗎？從來研究國際問題的人，只是從利害上檢討一切的。

現在鬼子的舉動，正是所謂「人急跳梁，狗急跳牆」；又可以說是：「油糊了竅，豬油迷了心」，的確是在人類正常思慮範圍以外的。所以不特當時旅港文化人的看法，都和庚白一般，毫無準備；就是英美大政治家像邱吉爾、羅斯福之流，在太平洋戰爭初起後，顯然也露出手忙腳亂的形狀來。那末，他們還不是和庚白一樣的上當，哪兒可以獨獨苛

責於庚白呢？人家不把估計錯誤來攻擊邱吉爾而單索垢尋癥到庚白身上來，這是他死後受寃的第三點。本來「人非聖賢，誰能無過，」我也不是一定要替庚白辯護，把他描寫做一個當世的完人。不過，太過於捕風捉影之說，流傳衆口，也是不對的。所以這段尾巴，我看也還是不能省掉的吧。

三十二年四月二十八日夜北麗於桂林